W0226845

*Dieses Buch
ist meiner Frau Jill gewidmet,
ohne die es
nie entstanden wäre.*

Inhaltsverzeichnis

Danksagungen

Mein Dank geht an Robert Burton, der mir und vielen anderen interessierten Studenten diese Körpertypen vorgestellt hat; an Liza Casey für ihre Bemühungen, die Typen in anschauliche Illustrationen umzusetzen; an all die Menschen, die sich freundlicherweise die Zeit genommen haben, die erste Ausgabe zu lesen und Verbesserungsvorschläge zu machen; an Andrea Menken für ihre generelle Hilfe dabei, dieses Buch herauszugeben und an Paul Harvey für seine beständige Unterstützung.

Vorwort

von Dr. phil. Stanley Krippner

Das Studium der menschlichen Psyche hat schon immer eine nie endende Faszination auf Psychologen, Psychiater, Philosophen, Schriftsteller mit den unterschiedlichsten Qualifikationen und natürlich auch auf Laien ausgeübt. Das weite Spektrum menschlicher Verhaltensweisen, Fähigkeiten und Aktivitäten hat viele dieser Menschen dazu gebracht, explizite oder implizite Typologien zu entwerfen, die als Beschreibung, Erklärung oder zum Verständnis des Menschen dienen sollten. Die Enneagramm-Theorie ist inzwischen zu diesem Kreis hinzugestoßen und hat - wie ich meine - einen bedeutenden Beitrag geleistet.

Ich habe jedoch auch Vorbehalte, da mir bewußt ist, daß man Klassifizierungen eine zu große Bedeutung beimessen kann. „Die Begriffe sind nicht das Gebiet selbst" - besonders, wenn wir es mit Menschen zu tun haben. Klassifikationssysteme und Persönlichkeitskategorien sind oft nützlich. Wenn wir jedoch vergessen, daß diese Kategorien nur Arbeitshypothesen sind und daß sie nicht für eine absolute und unabhängig existierende Realität stehen, verlieren wir jeden Anspruch darauf, mit ihnen Gesetzmäßigkeiten aufzuzeigen, und können Handlanger der Manipulation werden, besonders als Psychotherapeuten.

Joel Friedlander hat die Enneagramm-Theorie auf eine leicht lesbare und leicht verständliche Art dargestellt und dabei trotzdem der Komplexität des Themas Rechnung getragen. Ein besonderer Beitrag seinerseits ist die Verknüpfung der mythischen

Gottheiten des alten Griechenlands und des alten Roms sowie der Hormondrüsen samt ihren Funktionen mit den Enneagrammtypen. Diese einfallsreichen Beiträge können zu den dringend nötigen Forschungsstudien führen, mit denen sowohl die Enneagramm-Theorie als auch die psychotherapeutischen Anwendungen gerechtfertigt werden könnten, mit denen die Theorie klinisch erprobt werden kann. Bis dahin ist das Buch „Körpertypen - Das Enneagramm der Essenztypen" eine provokative Aktualisierung des ehrwürdigen Systems der Persönlichkeitsforschung.

Dr. phil. Stanley Krippner ist ein bekannter Psychologieprofessor im California Institute of Integral Studies und Co-Autor der Bücher „Personal Mythology" und „Dreamworking".

Einführung

Im Jahre 1972 erfuhr ich das erste Mal von den sieben Körper typen. Zu dieser Zeit hatte ich ein sehr starkes Bedürfnis, mich persönlich weiterzuentwickeln, und war auf der Suche nach einer Gruppe, in der ich diesen Wunsch praktisch umsetzen konnte. Das Denksystem, das mich zu diesem Zeitpunkt am meisten interessierte, waren die sehr überzeugenden psychologischen Ideen von G.I. Gurdjieff. Ich hatte sein System mehrere Jahre lang studiert, ohne jedoch eine aktive Gruppe zu finden.

Ende des Jahres kam ich dann mit einer Schule in Berührung, die als „Fellowship of Friends" bekannt war und die von Robert Burton geleitet wurde. Er benutzte das Gurdjieffsche System als Basis für seine eigene Lehrtätigkeit, integrierte aber auch wichtige eigene Elemente. Der Schwerpunkt seiner Arbeit war die Tatsache, daß wir in unserem momentanen Zustand sehr wenig über unsere wahre Natur wissen und erst „aufwachen", das heißt auf eine neue Ebene des Bewußtseins gelangen müssen, bevor es möglich ist, wirklich an sich selbst zu arbeiten. Fast alle Lehren und praktischen Übungen waren darauf ausgerichtet, diesen „relativen Wachheitszustand" so schnell wie möglich herbeizuführen. In unserem normalen Zustand des „Schlafes" sind wir der Wahrheit unserer eigenen Situation gegenüber blind und nicht in der Lage, irgendeinen bleibenden Sinn in unserem Leben zu finden.

Ich gesellte mich zu dieser Gruppe, und mir wurden, als Teil meiner Orientierung in der dort vor sich gehenden Arbeit, als erstes die sieben Körpertypen erläutert. Mir wurde versichert, daß es sich dabei um objektive Informationen handelte, das heißt, daß jeder, der auf die richtige Weise ausgebildet war, verifizieren konnte, daß diese Typen existierten und man sie in den Menschen, denen man begegnete, wiederfinden konnte.

Mir schien das System der Körpertypen ziemlich kompliziert zu sein, und ich konnte ihre Planetenbezeichnungen einfach nicht auseinanderhalten. Als mir jedoch die Eigenarten meines eigenen Typs erklärt wurden, überkam mich das unangenehme Gefühl, das man bekommt, wenn man etwas hört, von dem man weiß, daß es wahr ist, und das einem aber nicht bewußt war. Es ist etwas, was man auf nur auf vor-bewußten Art spürte, was einem aber nie ins Bewußtsein gekommen ist.

Während der Zeit, die ich mit den Studenten der Gruppe verbrachte, nahmen sie sich selbst und die Menschen um uns herum als Beispiele, um mir an ihnen die Typen näherzubringen. Jeder Mensch, der vorüberging, jeder, der uns bediente, war Material für diese Studien, und es dauerte nur wenige Wochen, bis ich mir die seltsamen Namen im Zusammenhang mit den dazugehörigen Typen eingeprägt hatte.

Mir wurde gesagt, daß einer der Hauptvorteile des Studiums der Typen der sei, daß man anschließend seine persönliche Subjektivität mehr würdigen könnte. Wenn ich damit anfing, mich als Typ zu sehen, würde ich nicht mehr davon ausgehen, daß meine eigenen Gedanken, Gefühle und Einstellungen etwas ausschließlich Individuelles seien. Ich machte mir klar, daß ich unweigerlich zu einem bestimmten Typ gehörte. Dadurch hoffte ich, über meinen Typ hinaus das erkennen zu können, was im objektiven Sinne wahr ist. Und mit der Zeit entdeckte ich tatsächlich, daß dieses Studium das praktischste Einzelwerkzeug war, das ich besaß, um mit dem Abbau der Mauern meiner Lebensgewohnheiten zu beginnen.

Diejenigen, die mehr Erfahrung mit Körpertypen hatten, hörte ich oft sagen, das dies das „praktischste" Wissen über Menschen sei, dem sie je begegnet waren. Nach einigen Monaten wurde mir klar, daß dies sehr wohl so sein könnte. Das Wissen um die Körpertypen begann in jede meiner Begegnungen mit mir selbst und anderen einzufließen. Jede Beziehung konnte aufgrund dessen, was für mich sehr bald eine überraschend offensichtliche Realität wurde, neu interpretiert werden. Während meine Fähigkeit wuchs, die Körpertypen zu erkennen, wurde mir klar, daß ich die Person vor mir nicht mehr mit einer mentalen Liste von Kriterien vergleichen mußte, um den Typ herauszufinden, sondern direkt ihren Körper oder sogar ihre „Energie" wahrnehmen konnte.

Eine Erfahrung, die mir aus den ersten Jahren der Arbeit mit den Körpertypen noch lebhaft in Erinnerung geblieben ist, trug sich in einem Kaufhaus zu. Ich war mit Tagträumen beschäftigt, während ich die Rolltreppe hoch fuhr, und merkte plötzlich, daß ich auf die Füße der Person geschaut hatte, die ein paar Stufen über mir stand. Ich hatte die Knöchel dieser Füße als typisch venusisch wiedererkannt. Sie hatten etwas Fleischiges, das ich inzwischen erkennen konnte. In diesem Augenblick kam mir plötzlich alles, was ich über den venusischen Typ wußte, in den Sinn, und ich hatte das unangenehme Gefühl, in die Privatsphäre dieses Menschen eingedrungen zu sein. Auf eine allgemeine Art wußte ich vieles über diesen Menschen - vieles, von dem er vielleicht selbst überrascht gewesen wäre, es zu erfahren.

Eine andere Erfahrung mit Körpertypen machte ich auf einer Fahrt durch Südkalifornien. Ich hatte versucht, mich mit meinem eigenen Typ auseinanderzusetzen, und war ganz überrascht zu erkennen, daß mein Auto tatsächlich ein ganz typisch jovial-lunares Auto war: blaß, ruhig und leicht rundlich. Ich wurde unruhig in meinem Sitz, mir fiel jedoch auf, daß die Kleidung, die ich trug, plötzlich genauso jovial-lunar zu sein schien wie mein Auto. Ich begann geistig eine Inventur meiner Besitztümer zu machen, und sie schienen alle dieselbe Qualität zu haben. Das Innere des Autos wurde wärmer und kleiner. Ich dachte an meine Freunde, die Berufe, die ich schon ausgeübt hatte, und um mich herum flüsterte alles: „jovial-lunar". Ein paar Augenblicke lang konnte ich mir nicht mehr vorstellen, irgendetwas zu tun, irgendetwas zu kaufen oder irgendetwas zu sagen, was nicht ein Ausdruck meines Körpertyps war. Und obwohl ich mich später aus dieser Identifikation löste und erkannte, daß diese Betrachtungsweise zu einseitig war und daß wir alle Typen samt ihrer Möglichkeiten in uns tragen, ließ mich diese Vision des Gefangenseins in einer bestimmten Art menschlicher „Maschine" nie wieder los.

Über die Jahre hinweg ist die Energie oder das Thema hinter den einzelnen Typen mehr und mehr in meine eigene Praxis eingeflossen, und heutzutage denke ich nur noch sehr wenig über die Typen nach. Sie sind schlicht und einfach Teil meines Lebens geworden, instinktives Wissen, das tief in meinem Körper verwurzelt ist. Auf diese Weise tragen die Körpertypen viel zu meinem (wie auch immer gearteten) Verständnis der Menschen bei, denen ich begegne.

Diese zweite Ausgabe geht auf die Hauptkritik an der ersten Ausgabe des Originals mit dem Titel „Körpertypen" ein, indem über 20 Illustrationen der Typen hinzugefügt wurden. Wir haben nicht versucht, die exakte Körperform von jedem Typ genau darzustellen, sondern haben Portraits der Körpertypen als Modell oder Beispiel des jeweiligen Themas, das der einzelne Typ ausdrückt, abgebildet. Da die sieben Körpertypen zum einen mit bloßem Auge erkennbar sind und zum anderen aber auch in unendlichen Abwandlungen vorkommen, können wir nur dann sicherstellen, daß wir in der Lege sein werden, die Körpertypen zu identifizieren, wenn wir uns mit der energetischen Qualität eines jeden Typs vertraut gemacht haben. Diese Qualität sollen die Portraits vermitteln.

Auch habe ich versucht, in der überarbeiteten Einführung viele der Fragen zu beantworten, die mir in den letzten Jahren bezüglich der möglichen Verbindungen zwischen den Körpertypen und

12

dem System der dem Enneagramm zugeordneten neun Persönlichkeitstypen gestellt wurden. Ich hoffe, daß die entsprechenden Textstellen diese Verbindungen zu einem gewissen Grad deutlich machen und daß sie sich für Studenten beider Systeme als nützlich erweisen.

Neu sind auch die Seiten zwischen den grundsätzlichen Typen, die mit der Zirkulation der Typen auf dem Enneagramm zu tun haben, so wie jene, die die Mischtypen - sozusagen die Halbschritte auf dem Enneagramm - beschreiben. Diese Ergänzungen stehen auch damit im Einklang, daß in dieser Ausgabe mehr Gewicht auf die Zirkulation der Energie im Enneagramm und weniger auf die einzelnen Punkte gelegt wird. Die Zusammenfassungen am Ende der einzelnen, den grundsätzlichen Typen gewidmeten Kapitel, sollen dabei helfen, die unterschiedlichen Informationen über jeden Typ auf den Punkte zu bringen. In den Zusammenfassungen sind auch detaillierte Körperbeschreibungen der einzelnen Typen zu finden, die der Arbeit von William Benham entnommen wurden. In der Einführung gehe ich noch näher auf diesen Mann ein.

Es ist mir inzwischen klar geworden, daß das System der sieben Typen der Menschheit sehr alt ist, vielleicht viel älter, als ich es mir je in den 20 Jahren, in denen ich die Körpertypen studiere und mit ihnen lebe, vorgestellt habe. Ich hoffe, daß die Menschen, die sich durch dieses Buch mit den Körpertypen befassen, zur Durchführung eigener Studien angeregt werden und daß das Studium der Körpertypen noch mehr Fuß fassen wird als in den vergangenen Jahren.

Joel Friedlander
Yorktown, New York
September 1992

Teil I

Die Welt
der Körpertypen

Einleitung

Die Erkenntnis, daß es Typen von Menschen gibt, ist eine bemerkenswerte, vielleicht sogar erschütternde Erfahrung. Die Menschen haben recht, wenn sie es als seltsam empfinden, daß etwas so Offensichtliches ihrer Wahrnehmung entgangen sein soll - und doch ist es das. Es ist genauso seltsam wie die Erkenntnis, die eigene Haarfarbe oder die Körpergröße seiner Frau nicht bemerkt zu haben oder etwas ähnlich Unsinniges.

Dennoch haben wir alle ein Gespür für die Körpertypen. Wir wissen zum Beispiel, von welchen Typen wir uns angezogen fühlen und mit welchen wir immer Schwierigkeiten haben. Es ist uns einfach nur noch nie in den Sinn gekommen, uns diese Gefühle näher anzuschauen oder herauszufinden, ob dahinter ein tieferer Sinn steckt. Es kam uns nie die Idee, daß es ein ganzes System dieser Typen geben könnte, das uns helfen könnte, unsere bereits erworbene Menschenkenntnis auf ganz neue Art und Weise zu organisieren.

Es fällt uns schwer zuzugeben, daß wir die Körpertypen erkennen könnten, wenn man sie uns beschriebe. Wir würden es nicht glauben. Wenn man uns eine systematische Erklärung für unser Gespür für die Körpertypen gibt und uns zeigt, wie die Typen aussehen und wie man sie erkennen kann, sind wir skeptisch. Sogar wenn man uns erklärt, daß wir in der Lage sind, den Körpertyp anderer Menschen wahrzunehmen, und daß wir dadurch unserer Verstehen auf revolutionäre Weise verändern können, kommt uns das Ganze unglaublich, widersprüchlich oder einfach unmöglich vor.

Natürlich ist die Vorstellung, daß es Menschentypen gibt, das heißt daß man sie entsprechend festgelegter Charaktereigenschaften klassifizieren kann, keine neue Idee - eher eine der ältesten.

Als die Naturwissenschaft noch in ihren Kinderschuhen steckte, wurde dieser Idee viel Bedeutung beigemessen. Sie ist ein Bestandteil der Lehren vieler primitiver Religionen und ist von unzähligen Menschen unzählbar oft vergessen, übersehen oder ins richtige Licht gerückt worden.

Die Vorstellung, daß Menschen zu speziellen Typen gehören, und der Gedanke, diese Typen zu benutzen, um unser Verstehen voneinander zu organisieren und zu erweitern, waren nie wirklich ausgestorben. Sie beschäftigen unsere Vorstellungskraft auch heute noch und sind noch immer modern. Wenn wir einige der Erscheinungsformen der Idee der Typen in der Vergangenheit näher betrachten und uns anschauen, wie sie formuliert wurde und welche Praktiken sich aus ihr ergaben, können wir daran vielleicht erkennen, daß die Idee der Typen an sich gar nicht so seltsam ist - die meisten von uns nehmen diese Idee nur nicht mehr so ernst, wie die Menschen es früher taten.

Astrologie

Die erste Art und Weise, Menschen zu klassifizieren - und die am weitesten verbreitete - war die Astrologie. Wer war nicht schon einmal gefesselt von den Möglichkeiten, die scheinbar im eigenen astrologischen Typ, dem eigenen Sternzeichen, verborgen liegen, und von den Informationen, die damit einhergehen sollen? Wer hat sich nicht schon Gedanken darüber gemacht, ob es wirklich möglich ist, aus der systematischen, astrologischen Definition der Menschen Erkenntnisse zu ziehen? Ich schon. Und fast alle Menschen, denen ich begegne, müssen ebenfalls zumindest ein minimales Interesse daran haben, da es schwer ist, jemandem zu begegnen, der sein eigenes Zeichen nicht kennt und der nicht wenigstens ein bißchen darüber weiß, was es über ihn aussagen soll. Wir sind alle schon einmal einem Menschen vorgestellt worden, der das Gespräch mit einer beiläufigen astrologischen Bemerkung eröffnete, wie zum Beispiel: „Ich bin ein

Steinbock." Er ist froh, daß sein Vorgesetzter ein Zwilling ist, weil er sich bislang immer mit Zwillingen sehr gut verstanden hat.

Diese alltäglichen Situationen bestätigen - wenn auch noch so unbewußt - die Existenz von Typen. Obwohl wir vielleicht nicht weiter in das Thema Astrologie einsteigen, als gelegentlich in die Zeitung zu schauen, vergessen wir weder unser Zeichen noch lösen wir uns völlig aus der Identifikation damit.

Die alten Götter

Ein weiteres Beispiel aus der Geschichte der Typen liefern uns die alten Götter der Griechen. Die Griechen des Altertums sahen ihre Götter nicht nur als Gottheiten, sondern als Repräsentanten ihrer eigenen inneren Triebkräfte, jener universellen Kräfte, die uns alle bewegen: Leidenschaft, Ärger, Liebe, Patriotismus oder Eifersucht. Der Einfluß der Götter entsprach dem Einfluß eines oder mehrerer dieser Triebe, und die Kämpfe unter den Göttern, die wieder und wieder in Legenden und Liedern erzählt wurden, waren ebenso eine Darstellung der inneren Konflikte des Menschen.

Apollo und Dionysos sind gute Beispiele dafür. Apollo stand für Vernunft und Ordnung, während Dionysos, sein Gegenspieler, der Verfechter von Sinnlichkeit und Zügellosigkeit war. Auch wir pendeln innerlich zwischen diesen beiden Polen hin und her. Unsere eigene kühle Ratio liegt im Widerstreit mit unserem Impuls, loszulassen und uns bis zum äußersten all unseren Begierden hinzugeben.

Am meisten schätzten die Griechen die Harmonie, die durch ein Gleichgewicht dieser Kräfte im Inneren zu erlangen ist - jene Harmonie, die entsteht, wenn sowohl der Logik als auch dem Sich-gehen-lassen Raum gegeben wird, und in der keine der Seiten ganz und gar überwiegt. Wenn Apollo regiert, bestimmt die Vernunft unsere Handlungen. Dionysos läßt uns eine Sehnsucht nach Entspannung und Befreiung empfinden sowie den Wunsch haben, die uns einschränkenden Verpflichtungen zu vergessen. Von einem Menschen, der sich hauptsächlich von der einen oder der anderen Kraft lenken läßt, der sich immer entweder nach der Vernunft oder dem Lustprinzip richtet, könnte man sagen, daß er die Eigenschaften des entsprechenden Gottes habe. Apollo oder Dionysos würden ihn beherrschen und bestimmen, was für ein Mensch er ist. Da die mythischen Gottheiten Apoll und Dionysos niemals ihren Streit beenden werden, müssen auch wir einen Weg finden, um diese beiden widersprüchlichen Kräfte in uns in ein harmonisches Gleichgewicht zu bringen.

Die Welt der Planeten und die Wochentage

Sieben dieser Götter wurden den sieben mit bloßem Auge erkennbaren Himmelskörpern zugeordnet, und seither sind ihre Qualitäten untrennbar miteinander verknüpft. Diese Verbindungen sind bereits über 2000 Jahre alt und spiegeln sich heutzutage in den Namen der Planeten und Wochentage wieder. Jeder Tag ist einer Gottheit zugeordnet, und wir können die ganze Woche problemlos als ein vollständiges und in sich geschlossenes System betrachten.

Der Montag gehört dem Mond und wird von Selene beherrscht; Dienstag ist der Marstag und untersteht Ares; Merkur herrscht über den Mittwoch, den Tag des Hermes; der Donnerstag ist Jupiter zugeordnet, dessen Gottheit Zeus ist; Freitag ist der Tag der Venus und wird von Aphrodite beherrscht; Samstag ist der Saturntag, der von dem alten griechischen Gott Kronos regiert wird; Sonntag ist der Sonnentag, der nicht von Apollo, sondern von Phoebus beherrscht wird. Obwohl wir diese Namen tagtäglich verwenden, haben wir ihren eigentlichen Ursprung vergessen. Wie vieles von unserem alten Erbe, hat auch der Glaube, der dieses System erschaffen hat, seine Macht verloren und bewegt uns nicht mehr in dem Maße wie früher.

Die Erbauer der Kathedralen

Etwa 1200 Jahre später, während der gotischen Epoche, taucht die Idee der Typen wieder als ein symbolisches Element auf, das von den Erbauern der großen Kathedralen entwickelt worden ist. Ich beziehe mich hierbei besonders auf die 28 Figuren, die einst die Front der Kathedrale von Notre Dame in Paris schmückten, wahrscheinlich Skulpturen ehemaliger Könige.

Es gibt jedoch auch eine Tradition, die behauptet, daß diese Figuren Körpertypen darstellten, die dazu gedacht waren, das Wissen um die Typen zu veranschaulichen und die des Lesens und Schreibens nicht mächtige Bevölkerung durch sichtbare Beispiele darin zu unterweisen. Die Zahl 28 ergibt sich aus den sieben grundlegenden Typen, multipliziert mit den vier Veranlagungen, die jeder Typ haben kann.

Einige dieser Statuen, die während der Zerstörung durch die Französische Revolution „verlorengegangen" sind, wurden erst kürzlich wieder ausgegraben und ausgestellt. Ich sah sie vor einigen Jahren kurz auf einer Austellung in New York und auch im Cluny-Museum in Paris, ihrem Heimatmuseum. Es war mir nicht möglich festzustellen, ob sie tatsächlich Körpertypen darstellen sollen, doch strahlen einige dieser würdevollen, konzentrierten Gesichter eine Kraft aus, die alle wirklich transzendentalen Kunstgegenstände ausstrahlen - sie deuten auf kosmische Gesetzmäßigkeiten hin.

Alchemie

Die Idee der Typen tauchte im Mittelalter wieder auf, als sie von den Alchemisten, den mystischen Chemikern dieser Zeit, verfochten wurde. Sie haben sowohl Pionierarbeit im systematischen Studium der Chemie geleistet, als sich auch ein Schema menschlicher Typen ausgedacht, das wie viele andere auf dem planetarischen Modell aufbaute.

Die Alchemisten wollten die Prozesse und Reaktionen in und zwischen den Metallen bestimmen, die für ihre Umwandlungsexperimente wichtig waren. Sie glaubten, daß jedes dieser Metalle von einem der sieben sichtbaren Planeten beherrscht wurde. Die Alchemisten benutzten die gleichen Informationen jedoch auch zur Klassifizierung von Menschen. Sie waren der Meinung, daß bei jedem Menschen eines der grundlegenden Metalle überwog und daß dieses Übergewicht unter anderem sein Temperament, seinen Körperbau und seine Anfälligkeit für bestimmte Krankheiten bestimmte.

Es zeugt von einer gewissen Melancholie, wenn man sich heutzutage noch mit den mittelalterlichen Alchemisten beschäftigt. Ihre Experimente, die auf unbeweisbaren Theorien aufbauten, konnten dem Druck des ständigen Fehlschlages nicht standhalten. Die Alchemisten haben das Gold, das ihren Theorien gemäß hätte entstehen müssen, nie herbeizaubern können. Aber es war eine aufgeklärte Philosophie, die sie dazu trieb, ihre seltsame Wissenschaft zu verfolgen - eine mystische Philosophie, die eng mit der Suche nach menschlicher Perfektion verknüpft war.

Die Alchemisten mit den höchsten Bestrebungen versuchten nicht nur, persönlichen Reichtum anzuhäufen. Sie versuchten zu beweisen, daß die Gesetze ihrer Philosophie auf jede Ebene des Daseins - sowohl auf die materielle als auch auf die spirituelle - angewandt werden konnten, das heißt, daß es objektive Gesetzmäßigkeiten waren.

Literatur

Erwartungsgemäß besteht in der Literatur kein Mangel an Typen. Schließlich stammt eine Menge des Vergnügens und ein Großteil der Einsichten, die wir aus Literatur ziehen, aus unserer Fähigkeit zu sehen, wie ein Charakter innerhalb der Begrenzungen seines für ihn typischen Verhaltens kämpft. Wir sind besonders dankbar für diese symbolischen Charaktere, wenn sie uns an Menschen erinnern, die wir kennen, da sie dann beginnen, diesen speziellen Typ in unserem Denken zu repräsentieren. Charaktere werden oft im wahrsten Sinne des Wortes Archetypen für ganze Klassen von Menschen und versetzen uns so in die Lage, ihr Verhalten zu objektivieren und zu erklären.

Shakespeares Othello ist voll mit solchen Charakteren, obwohl Körpertypen nur die Bühne sind, auf der er sein bemerkenswertes Stück aufgebaut hat. Othello, der Mohr, ist mutig, triebhaft und leidenschaftlich. Er ist ein Abbild des Mars, in dessen Namen er die Staatsgeschäfte führt. Iago arbeitet mit List, Tücke und Berechnung. Die Lüge kommt ihm leicht über die Lippen, wann immer es zum Wohle seiner teuflischen Ziele ist. Er ist eine Karikatur der schlimmsten Seiten des Merkur. Die Handlung des Stückes und der unabwendbare, tödliche Ausgang hat seinen Ursprung zum größten Teil in dem instinktiven Antagonismus dieser beiden Typen.

Charaktere wie Othello und Iago, deren tragisches Schicksal für alle Zeiten miteinander verflochten ist, verändern sich nie. Als Individuen sind sie nicht imstande, sich zu ändern, da sie nicht fähig sind, einen einmal eingeschlagenen Kurs zu wechseln. Ich habe sie unendliche Male bei ihrem Todestanz beobachtet, so wie andere es in vergangenen Jahrhunderten getan haben, und es bewegt mich jedes Mal aufs neue. Bei Shakespeare sind die Impulse ihres Typs bis fast zur Karikatur überspitzt. Sie sind jenseits davon, bloße Beispiele ihres Typs zu sein, sondern sind blutige Übertreibungen ihrer mörderischsten Wesenszüge. Bei jeder Aufführung stachelt ihr reaktives Verhalten einen Haß bar jeder Vernunft in ihren Typen an, der sie schließlich besiegt.

Moderne Psychologie

Das Aufkommen der „wissenschaftlichen Psychologie" hatte zur Folge, daß die Körpertypen an Wichtigkeit abnahmen. Sie wurden als „unwissenschaftlich" betrachtet. Eine der wenigen Ausnahmen in diesem Trend war der amerikanische Anthropologe William Sheldon. Nachdem er Tausende von Menschen fotografiert hatte, fand Sheldon eine Methode, sie in drei Typen einzuteilen. Er versuchte, eine Verbindung zwischen den unterschiedlichen Temperamenten und den drei Körpertypen aus seinem Schema herzustellen. Seine Unterteilungen beruhten auf seiner Theorie, daß sich jeder der Typen aus einer anderen embryotischen Zellschicht entwickelt habe, und er benannte sie danach: ektomorph, mesomorph und endomorph.

Sheldons ektomorpher Typ entwickelt sich aus den äußeren Zellschichten des Embryos, der ektodermen Zellschicht, aus der sich auch die Haut, die Haare, die Finger- und Fußnägel und das Nervensystem entwickeln. Der ektomorphe Typ ist drahtig und verfügt über einen Überschuß an Nervenenergie. Sein mesomorpher Typ entsteht aus der mittleren Zellschicht, die auch das Skelett-, das Muskel- und Bindegewebe, das Kreislaufsystem, die Ausscheidungs- und Fortpflanzungsorgane hervorbringt. Der mesomorphe Typ ist muskulös und robust gebaut. Der endomorphe Typ soll sich aus der innersten Zellschicht entwickelt haben, die auch die Verdauungsorgane, die Schleimhäute und die Lungen hervorbringt. Er ist sozusagen das Schwergewicht unter den Menschen.

Diese systematische Aufteilung erreichte eine weitreichende, allgemeine Bekanntheit und ist auch heute noch recht populär. Carol Saltus - eine praktizierende Psychologin, die Sheldons Ideen fortgeführt und versucht hat, aus ihnen ein praktisches Studium zu entwickeln, sagte: „Sheldons Arbeit hat uns ein wirksames neues Werkzeug der Selbstentdeckung geliefert, ein unentbehrliches Werkzeug für die Enthüllung der Geheimnisse des Selbst."

Auch hat sie systematische psychologische Profile der drei Typen eingeführt.

ENDOMORPH	MESOMORPH	EKTOMORPH
sozial	unabhängig	zurückgezogen
entspannt	bestimmt	angespannt
bequem	körperlich aktiv	mental aktiv
optimistisch	abenteuerlich	ängstlich
großzügig	ehrgeizig	begeisterungsfähig
praktisch	unempfindsam	empfindsam
stabil	kämpferisch	leidenschaftlich
ruhig	mutig	schnell

Sheldons Typen (nach Saltus)

Die Anziehungskraft dieses Systems beruht zu einem großen Teil auf seiner Einfachheit. Während es auf der einen Seite den Anstoß zu weiteren Untersuchungen dahingehend gegeben hat, ob psychologische Wesenszüge nicht vielleicht doch mit der Form des Körpers korrespondieren, ist es andererseits nie vollständig anerkannt worden. Allerdings haben Wissenschaftler aus einer ganz anderen Disziplin das Problem ebenfalls in Angriff genommen, und wir können uns die Früchte ihrer Untersuchungen anschauen, um herauszufinden, welche Informationen sie haben könnten, die ein ganz anderes Licht auf die Theorie der Typen werfen ...

Endokrinologie

Die Endokrinologie, die sich mit dem Studium der Drüsen beschäftigt, die viele Systeme im Körper anhand von Hormonen regulieren, hat eine neue Typologie der Menschen hervorgebracht. Dr. Louis Berman war einer der Hauptbefürworter dieser Idee, und er hat einen vollständigen Plan der Typen aufgestellt, der auf hormonellen Unausgewogenheiten beruht.

Berman ging davon aus, daß die Überaktivität einer Drüse einen Typ hervorbrachte, der all die Merkmale der Funktionen jener Drüse besaß. Er suchte in der Geschichte nach Beispielen und bildete jeden dieser Typen in seinen Büchern ab. Seine Beschreibungen umfassen nicht nur die äußere Erscheinung der Typen, sondern zeigen auch auf, wie sich ihre spezielle hormonelle Unausgewogenheit in ihrer Persönlichkeit niederschlägt. Sein adrenaliner Typ hat zum Beispiel normalerweise leuchtend rotes Haar, Sommersprossen und neigt zu Wutausbrüchen. Obwohl die Wesensart der Typen nicht vollständig mit der Aktivität der entsprechenden hormonellen Drüse in Übereinstimmung zu bringen ist, ist eine Betrachtung der engen Verbindung dieser beiden Systeme sehr vielversprechend. Einen Überblick der Verbindungen gebe ich in Teil III „Hormondrüsen und menschliches Verhalten".

Unglücklicherweise sind Dr. Bermans Theorien noch mehr abgelehnt worden als Sheldons und heutzutage fast unbekannt. Vielleicht hat der Aufstieg des demokratischen Denkens mit seiner Betonung darauf, daß „alle Menschen gleich geschaffen wurden", verursacht, daß das Studium menschlicher Typen auf Eis gelegt wurde. Es geht unserer Erziehung gegen den Strich. Wir können uns keine Typologie vorstellen, die nicht Gotteslästerung oder noch etwas Schlimmeres wäre. Heutzutage hat die Idee der Körpertypen einen schlechten Ruf, wird als Schwindel verachtet oder als Vorurteil gefürchtet. Diese Einstellungen können uns den Weg zu jedem ernsthaften Studium der Körpertypen versperren.

Esoterische Schulen

Einige der von mir erwähnten Systeme der Klassifizierung des Menschen entspringen gemeinsamen Wurzeln, auch wenn sie auf unterschiedliche Art und Weise Früchte getragen haben. Es handelte sich ursprünglich um systematische Zusammenstellungen, die von ungewöhnlichen Lehrern in ungewöhnlichen Schulen erdacht, interpretiert und weitergegeben wurden. Sie standen alle auf die eine oder andere Weise mit mystischen Praktiken in Verbindung. Unter den Astrologen und Astronomen, den Erbauern der gotischen Kathedralen und den Alchemisten gab es Menschen, die sich ganz auf innere Transformation konzentrierten und die nach dem Wissen suchten, das sie zu einer persönlichen, mystischen Offenbarung führen würde. Die Idee der Körpertypen hätte diese Menschen besonders interessiert.

Das bißchen Wissen, das uns aus diesen Schulen geblieben ist, beschreibt die Typen aber in geheimen, symbolischen oder vergessenen Sprachen. Uns wird nicht gesagt, woran wir die Körpertypen selbst erkennen können. Möglicherweise wurden die Methoden, die entwickelt wurden, um das Wissen von den Körpertypen praktisch anzuwenden, als Bestandteil der esoterischen Seite dieser Lehren geheim gehalten. Vielleicht sind sie nieweitergetragen worden, als die Stimme des Lehrers reichte. Da diese Methoden unweigerlich nur für die Menschen einer bestimmten Zeit und einer bestimmten Kultur gedacht gewesen wären, hätten sie kaum so lange überlebt wie die Philosophie, die sie hervorgebracht hat. In jedem Falle hätte jemand, der auf der Suche nach einem Weg gewesen wäre, dieses Wissen anzuwenden, bis vor kurzem nur sehr wenig Hilfreiches gefunden.

Die sieben Typen von William Benham

Seltsamerweise stammen die einzigen präzisen systematischen Aufzeichnungen über die sieben Typen aus einer sehr ungewöhnlichen Quelle: von William Benham. Er war einer der im 19. Jahrhundert lebenden Begründer der modernen Handlesekunst. Und auf gewisse Weise ist diese Quelle genauso mysteriös wie die alten Alchemisten und Astronomen.

Benham hat durchblicken lassen, daß er das System der Typen im Alter von 13 Jahren von den Zigeunern gelernt hatte.

Dann ging er dazu über, sein Leben dem Studium des Charakters zu widmen, so wie er sich in den Händen der Menschen widerspiegelt. Er „las" die Hände von vielen der berühmtesten Menschen seiner Zeit. Obwohl er nicht erklärt, wie er sein Verstehen der Typen aus dem Studium der Hände der Menschen hergeleitet hat, gelang es ihm ohne fremde Hilfe, das ganze System der sieben Typen wieder hervorzubringen. Er lernte, sowohl die Körperform der Typen als auch ihre Handlinien zu identifizieren.

Benhams Beschreibungen der sieben Typen machen deutlich, daß die Typologie, mit der er sich beschäftigt hat, ist zweifellos die gleiche wie die, mit der Sie sich in den nächsten Kapiteln über Körpertypen beschäftigen werden. Dieses bemerkenswerte Zusammentreffen kann unterschiedlich gedeutet werden. Einerseits könnte es ein ziemlich klares Anzeichen dafür sein, daß unsere Informationen über die sieben Typen zu dem Bereich des objektiven Wissens zählt. Es wäre dann möglich, daß unabhängige Beobachter es entdecken und verifizieren. Andererseits könnte man es auch als Bestätigung dafür sehen, daß das Wissen um die Typen in verschiedenen Arten von „Schulen" immer am Leben erhalten worden ist und nur in großen zeitlichen Intervallen weitergegeben wird. Wir könnten jedoch auch zu der Schlußfolgerung kommen, daß die unterschiedlichen Informationsquellen über die Typen in Wirklichkeit gegenseitig über ihre Arbeit informiert waren, aus einem uns unbekannten Grund dieses Wissen jedoch nie gezeigt haben. Vielleicht werden wir nie in Erfahrung bringen, welche dieser verschiedenen Möglichkeiten tatsächlich zutrifft.

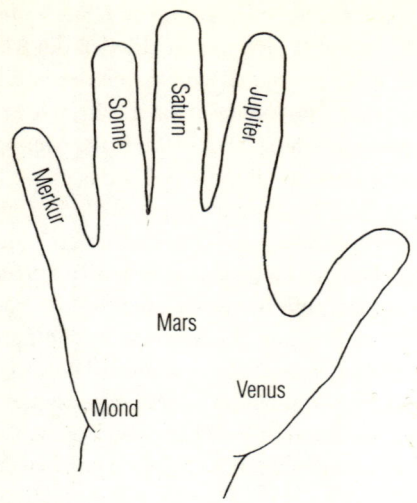

Benhams Typen in der Hand

Da Benhams Beschreibungen der körperlichen Gestalt eines jeden Typs so detailliert sind, haben wir sie veröffentlicht. Sie sind
im Anschluß an die Zusammenfassungen jedes Kapitels abge-
druckt worden, um Ihnen weitere Informationen in die Hand zu
geben, mit der Sie die einzelnen Körpertypen identifizieren können. In seinem Hauptwerk „Die Gesetze des wissenschaftlichen
Handlesens", das im Jahre 1900 erschienen ist, sagt er: „Die Typen
sehen ähnlich aus, daher sollte ich Ihnen mentale Beschreibungen ihrer äußeren Erscheinung geben. Wenn Sie alle Typen gut
kennen, werden Sie wissen, wie sie aussehen, wie sie denken,
leben, arbeiten, spielen, ihre Mitmenschen behandeln oder hei-
raten und auch die für sie typischen Berufe und Besonderheiten
kennen, in der Lage sein, wenn Sie einen Menschen eines speziellen Typs treffen, ihn mit Leichtigkeit zu analysieren, und ihn
besser kennen, als er sich selbst." Da Benham sich hauptsächlich - wenn nicht ausschließlich - mit dem Studium der mensch-

lichen Natur, wie sie sich in der Hand widerspiegelt, beschäftigt hat, ist es sehr lehrreich zu sehen, wie er die sieben Typen in die Landschaft der Handinnenfläche eingezeichnet hat. Benham sagt, daß der Zeigefinger dem Jupiter zugehörig ist, der Mittelfinger zu Saturn gehört, der Ringfinger zur Sonne und der kleine Finger zu Merkur gehört. Die Venus befindet sich auf der Erhebung an der Wurzel des Daumens, Mars mitten auf der Handfläche und der Mond auf dem Ballen der Hand auf der dem Daumen gegenüberliegenden Seite. Als Antwort auf die Frage, warum diese speziellen Regionen zu den verschiedenen Typen gehören, sagt Benham: „Die Antwort auf diese Frage kann zum augenblicklichen Zeitpunkt nur sein, daß wir dieses Rätsel noch nicht völlig gelöst haben." Er beschreibt allerdings weiter, wie die Hand die Aktivität des Geistes widerspiegelt. Zusätzlich zitiert er noch das, was seiner Aussage nach die älteste Abhandlung über das Handlesen ist, um zu zeigen, welch eine lange Tradition diese Kunst hat. Sie stammt von Aristoteles. Es folgt nun ein Ausschnitt aus der aristotelischen Darstellung der sieben ursprünglichen Typen in Verbindung mit der Hand. Man kann daraus die Wichtigkeit erkennen, die dem tatsächlichen Einfluß der Planeten beigemessen wurde:

„Den Daumen vertrauen wir der Herrschaft der Venus an.
Jupiter regiert den Zeigefinger, wie er will und kann.
Den Mittelfinger führt Saturn, der Alte, und über den
Ringfinger die Sonne waltet.
Die blasse Cynthia die äußere Muskelkraft befiehlt,
während das geheiligte Innerste meist Mars besieht.
Merkur mißt man dem kleinen Finger bei,
von dem man sagt, daß er der Flinkeste von allen sei."

Benham zweifelte nicht daran, daß das Schema der Typen aus uralten Quellen stammte, obwohl er wenig darüber sagt, woher er diese Information hat. Er sagte: „Die alte Theorie der sieben verschiedenen Menschentypen beruht ursprünglich auf der Idee, daß die menschliche Rasse zweifellos von seinem Schöpfer gemäß einem definitiven Plan geschaffen wurde. Es gab keine Zufälle bei der Schöpfung oder der Zusammenstellung der Bewohner dieses Planeten." In diesem Sinne stimmen Benhams Ideen über die Typen mit unseren eigenen überein, und deuten auch an, daß das ganze System der Körpertypen sehr viel älter ist, als wir ursprünglich geglaubt haben. Viel Zeit und weitere Nachforschungen werden nötig sein, bis wir mit ziemlicher Gewißheit sagen können, wo die frühesten Anfänge dieses bemerkenswerten Systems liegen.

Die Wiederkehr der Typen

Ich glaube, daß es ganz natürlich, wenn nicht gar unvermeidlich war, daß die Idee der Typen als Teil eines mit praktischer Mystik verbundenen Denksystems wieder aufgetaucht ist. Diesmal erschien sie in einem Strom von Ereignissen, die einen Mann - halb Armenier, halb Grieche - auf der Suche nach Geheimwissen aus Südrußland nach Asien brachte. Dieser Strom trug ihn schließlich zusammen mit seinem Kreis von Studenten während der Revolution von 1917 gänzlich weg von Rußland und schwemmte ihn an die europäischen Küsten. Als der Westen auf ihn aufmerksam wurde, hatte dieser Linguist, Philosoph, Reisende, Tanzlehrer, Musiker und Mystiker ein bemerkenswertes und umfassendes System zum Studium und zur Verbesserung des Menschen entwickelt und war einer der Hauptkanäle für esoterische Lehren in der Welt geworden. Sein Name war George Gurdjieff.

Gurdjieffs Einfluß

Eine der Lehren, die Gurdjieff in seine Lehrtätigkeit aufnahm, stammte aus der Fülle der mystischen Schriften, die von dem alten Ägypter, Hermes Trismegistos, stammen sollen. Es handelt sich dabei natürlich um denselben Hermes, der in den Gedanken der mittelalterlichen Alchemisten, die sich mit den seltsamen rituellen Werkzeugen ihrer geheimnisvollen Kunst abmühten, eine so führende Rolle spielte. Diese Parallele mutet gar nicht so seltsam an, wenn man die authentischen Lehren der Alchemie und ihre Betonung auf innere Transformation mit Gurdjieffs Ideen vergleicht. Beide scheinen die gleichen Ziele angestrebt zu haben.

Diese spezielle Lehre beschreibt die Welt als harmonisch, objektiv und einheitlich. Alles in dieser Welt steht mit allem anderen durch die Wirkung von Gesetzen in Beziehung, die sich auf alle Ebenen des Daseins anwenden lassen. Sie wurde in folgender Formel ausgedrückt: Wie oben, so unten.

Gurdjieff verwendete diese Formel aus den gleichen Gründen wie die Alchemisten, vielleicht hatten sie diesbezüglich sogar den gleichen Standpunkt. Er lehrte, daß jeder kleinste Ausschnitt der Realität von den gleichen Gesetzmäßigkeiten beherrscht wird und daß das Wissen darum, wie diese Gesetzmäßigkeiten einen Vorgang auf einer Ebene beeinflussen, benutzt werden kann, um ähnliche Prozesse auf anderen Ebenen zu verstehen. Er nannte die Gesetze, die universelle Kraft hatten, objektive Gesetze. Ein Großteil seiner Methode hing davon ab, daß seine Studenten diese Gesetze allmählich verstanden und sie mit der Zeit in konkreter Form ausdrückten.

Was das Studium des Menschen anbetraf, zeigte Gurdjieffs Philosophie diese Gesetze in Aktion. Er lehrte, daß ein Mensch, solange er um diese Gesetze nicht weiß, nie einen Weg finden wird, sie zu seinem Vorteil zu nutzen. Obwohl Gurdjieff selbst fast kein detailliertes Wissen über die Typen hinterlassen hat, kannte und studierte er die Idee. Die Unterjochung des Menschen unter die starren, mechanischen und unbeugsamen Gesetze, die er beschrieb, war fest in seinem ganzen Lehrgebäude verankert.

Peter Ouspensky war einer von Gurdjieffs engsten Schülern und ein Teilnehmer der Gruppe, die ihm aus Rußland gefolgt war. Später berichtete er in seinem Buch „Auf der Suche nach dem Wunderbaren" von dieser Zeit mit Gurdjieff. Ouspensky liefert in seinem Buch einen groben Überblick über die Methoden, die ihm gezeigt worden waren und durch die die Menschen lernen konnten, diese Gesetze selbst zu beobachten, um sich durch sie zu verwandeln.

Sowohl Gurdjieff als auch Ouspensky betrachteten das Studium der menschlichen Psyche als eine individuelle Forschungsreise in die menschliche Evolution. Das Ziel ihrer Lehren war das Erschaffen von „höherentwickelten" Menschen. Sie griffen, ähnlich wie die Alchemisten, weit zurück in die Geschichte der praktischen Mystik, um Material zu finden. Und sie fanden, was sie suchten: Konzepte, die ihren Ideen der menschlichen Evolution Leben einhauchten. Sie erbauten Modelle des Menschen, die auf diesen alten Lehren beruhten, und verwendeten ihre Modelle, um ihren Studenten die Mittel zum Selbststudium, zur Selbsttransformation und zur Selbsterkenntnis in die Hände zu legen.

Rodney Collin

Obwohl weder Gurdjieff noch Ouspensky den Körpertypen sehr viel Aufmerksamkeit schenkten, war es einer von Ouspenskys Studenten, Rodney Collin, der schließlich die ganzen losen Enden zusammensammelte und daraus ein stimmiges Ganzes entwarf. Der Engländer Collin, der nach Ouspenskys Tod im Jahre 1947 nach Mexico übersiedelte, verband das alte mit neuem Wissen und legte in seinem Buch „Theory of Celestial Influence" den Grundstein für eine systematische Einteilung der Typen.

Einer der wesentlichen Beiträge, die Collin mit seiner Beschreibung der Typen geleistet hat, ist das Zusammentragen einer Masse von scheinbar unzusammenhängendem Material. Er benutzte die Arbeiten von Dr. Berman und verband die Erkenntnisse aus der modernen Endokrinologie mit den Überlieferungen der alten Priester und Schamanen. Er hatte sich nicht speziell zum Ziel gesetzt, die Körpertypen zu erläutern, sondern versucht, alles zu erklären und möglichst viele der Verbindungen aufzuzeigen, die er zwischen der modernen Wissenschaft und der Philosophie, die Ouspensky ihm vermittelt hatte, entdecken konnte.

Die vier Ebenen des Systems

In seinem Buch „Theory of Celestial Influence" stellt Collin die Analogie vor, die hinter der Theorie der Körpertypen steht. Diese Analogie vergleicht in ihrer gegenwärtigen Form vier verschiedene Ebenen miteinander: die Aktivität der Hormondrüsen und ihre Interaktionen, die Charakteristika der archaischen Planeten, die Wesensmerkmale der westlichen Gottheiten und die Arbeit und die Beziehungen der Menschen. Daß die Analogie diese Form annahm, lag daran, daß Collin viele Parallelen zwischen den einzelnen Ebenen festgestellt hatte. Sie wurde darüber hinaus durch die Ähnlichkeiten der einzelnen Komponenten verstärkt, die trotz der unterschiedlichen Worte „Drüsen", „Planeten", „Götter" und „Menschen" bestanden.

Durch die Hinzufügung der Hormondrüsen unterschied sich Collins Idee der Typen von früheren Versionen, wodurch dieses alte Fachgebiet wieder auflebte.

Collins Spirale der Hormondrüsen mit den ihnen entsprechenden Planeten. Er behauptete, daß man die Beziehung der beiden untereinander mathematisch darstellen konnte.

In vielerlei Hinsicht ist die Verbindung zwischen den Drüsen und dem menschlichen Verhalten nach wie vor bestechend, doch außerhalb unseres Zugriffs. Sie verspricht ein neues Verständnis des Menschen, bleibt jedoch nebulös und unergründlich. Allerdings hilft uns das Studium der Hormondrüsen dabei, die Körpertypen zu verstehen, da die Welt der Hormondrüsen eine Parallele zu anderen Bereichen der Körpertypen-Theorie bildet und wie sie auch so aufgebaut ist, daß eine Vielzahl von Individuen in einem vollständigen, zusammenhängenden und universalen System zusammengefaßt sind und dieses System auf jeden angewandt werden kann.

Jede Ebene ist ganzheitlich

Wir haben alle die gleichen Hormondrüsen, und diese Drüsen tragen immer die gleiche Funktion zur Aktivität unseres Körpers bei. Die Planeten, Monde und andere Bestandteile des Sonnensystems haben im Raum feste Beziehungen zueinander. Die Gesellschaft nutzt die Arbeit verschiedener Arten von Menschen. Und in jedem von uns sind all die grundlegenden Triebe zu finden, die die alten Götter repräsentieren. Jeder Bestandteil des jeweiligen Systems - sei es eine Drüse, ein Planet, ein Gott oder ein Mensch - trägt stets die gleiche Art von Arbeit innerhalb seiner Gemeinschaft bei.

Nehmen wir aus diesen verschiedenen Welten den Mars als Beispiel, der mit den Adrenalindrüsen korrespondiert. Menschen können ohne ihre Adrenalindrüsen nicht leben, da sie zu viele einzigartige und wichtige Funktionen zu erfüllen haben. Ein Adrenalinausstoß ist eine notwendige und natürliche Funktion im menschlichen Körper. Der Kriegsgott Mars schützt die Grenzen, wehrt Eindringlinge ab und zerstört die Schwachen, das heißt, er repräsentiert das Beschützende, Zurückweisende und Zerstörende, das in jeder Gesellschaft natürlich und notwendig ist. Der Planet, der seinen Namen trägt, ist der „rote", der „zornige" Planet. Und es ist der angriffslustige marsische Körpertyp, aus dem sich die Krieger, die Pioniere und die Vorkämpfer der Menschheit rekrutieren.

In dieser Theorie werden die Typen auf sieben verschiedene reduziert. Die Anzahl ist so gering, daß sie jede Möglichkeit zu ersticken scheint, daß wir einzigartig sein könnten. Jeder von uns ist jedoch eine unterschiedliche Kombination der gleichen, bekannten Wesenszüge. Durch unsere spezielle Abstimmung dieser Qualitäten und unsere speziellen Rhythmen zeichnen wir uns als Individuen aus. Die Vermengung der wenigen grundlegenden Typen schafft noch immer die unwahrscheinliche Vielfalt der Menschen, die wir um uns herum sehen. Und obwohl es vielleicht so aussehen mag, als ob ein Studium der Typen unseren Sinn für unsere eigene Einzigartigkeit zunichte machen könnte, arbeiteten Rodney Collin, Peter Ouspensky, George Gurdjieff und ihre Vorfahren eigentlich dafür, eine spirituellere Individualität zu begründen, die weniger mechanisch ist.

Die neun Persönlichkeitstypen des Enneagramms

Erst kürzlich wurde im Vierten Weg, wie Gurdjieffs System auch genannt wird, etwas entwickelt, das mit dem Studium der Körpertypen in Zusammenhang steht: die neun Persönlichkeitstypen. Von diesem neu eingeführten Fachgebiet sagt man, daß es dem Westen von dem spirituellen Lehrer Oscar Ichazo aus Chile vorgestellt wurde. In der Zwischenzeit wird viel darüber geschrieben und eine wachsende Anzahl von Lehrern und Praktizierenden, zum Beispiel Helen Palmer, Margret Frings Keyes, Richard Rohr, Don Richard Riso und Claudio Naranjo lehren es. In diesem Buch habe ich grundsätzlich Helen Palmers Darstellung verwendet, und auf ihr Werk beziehen sich meine Kommentare.

Das Enneagramm (eine neuneckige Figur, die im nächsten Kapitel näher erläutert wird) wird in diesem System ebenfalls verwendet, um daran einen vollständigen Satz von Verhaltens-Typen zu erklären. Das Enneagrammsystem der Persönlichkeitstypen benennt die Typen nach den Nummern der Punkte, auf denen sie vorkommen. Einige Autoren haben jedoch auch ihre eigenen Bezeichnungen für die Typen entwickelt, die nicht alle miteinander übereinstimmen. Es handelt sich dabei nicht so sehr um Körpertypen, sondern eher um Entwicklungsstadien und Verhaltens-Typen. Man kann an ihnen erkennen, wie spezielle Erziehungsmodelle zu Fixierungen und Abhängigkeiten führen können. Palmer hat darauf aufmerksam gemacht, daß dieses System sinnvoll zum Studium des Hauptmerkmals verwendet werden kann. Die Idee des Hauptmerkmals stammt von Gurdjieff.

Mit ihr ist es möglich, die eine Einstellung in Bezug auf sich selbst aufzudecken, die ein grundsätzlicher Fehler in unserer Selbstwahrnehmung ist und um die herum wir fälschlicherweise den Rest unseres Selbstbildes aufbauen.

Essenz und Persönlichkeit

Da das System der neun Persönlichkeitstypen wie das System der Körpertypen das Enneagramm verwendet, ist natürlich unter den Studenten beider Systeme die Frage aufgetaucht, ob und wie die beiden Systeme miteinander in Verbindung stehen. Meiner Meinung nach besteht zwischen diesen beiden wirksamen Methoden der Selbstentdeckung eine gewisse Beziehung. Um die Art der Beziehung verstehen zu können, müssen wir jedoch zunächst Gurdjieffs Vorstellungen von Essenz und Persönlichkeit verstanden haben.

In dem System, das Gurdjieff lehrte, gibt es viele ausführliche Landkarten der menschlichen Psyche. Einer der interessantesten Vergleiche, den er zog, war der zwischen unserem angeborenen Wesen und dem, was wir im Verlauf unseres Erwachsenwerdens erwerben. Unser angeborenes Wesen nannte er natürlicherweise unsere Essenz. Diese Essenz umfaßt sowohl die Gesamtheit unserer genetischen Geschichte, also unser Erbgut, als auch die geheimnisvolleren Elemente unseres Wesens, die nicht zu unserer erblichen Ausstattung gehören, das heißt unsere angeborenen Tendenzen, unsere grundlegenden Interessen und Einstellungen. Die Persönlichkeit auf der anderen Seite ist all das, was wir seit unserer Geburt auf künstliche Art und Weise erworben haben. Die Persönlichkeit wird mit der Zeit das Instrument, mit dem wir mit der Welt interagieren.

Weder die Essenz noch die Persönlichkeit sind statisch. Beide können wachsen, reifen und sich verändern, doch auf ganz und gar unterschiedliche Art und Weise und mit unterschiedlichen Auswirkungen. Die Essenz wird von Ideen, Ereignissen und

Eindrücken beeinflußt, die uns direkt erreichen, das heißt, uns im Kern unseres Seins berühren. Als Folge der von ihr angesammelten Erfahrungen gelangt sie zur Reife, und Veränderungen der Essenz sind mehr oder weniger dauerhaft. Viele unserer essentiellen Wesenszüge können in der Tat gar nicht verändert werden, so wie wir auch unseren Haartyp, unsere Körpergröße und unseren grundsätzlichen Körpertyp nicht verändern können.

Die Persönlichkeit entwickelt sich erst später, wenn das Kind mit den Erwartungen aus der Umgebung konfrontiert wird und beginnt, sein Verhalten in Einklang mit oder im Kampf gegen diese Erwartungen zu modifizieren. Die Persönlichkeit entwikkelt sich im Laufe der Zeit zu dem „Organ" oder dem „Filter", durch den die essentielle Person die Welt erkennt, und sie ist gleichzeitig das Gefäß für unser eigenes spezielles Wissen um die Dinge.

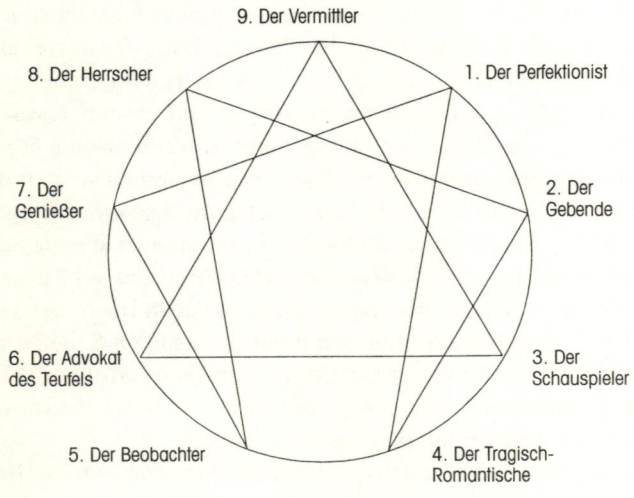

Die neun Persönlichkeitstypen nach Helen Palmer

Die Persönlichkeit wächst in dieser Rolle heran, um der sonst schutzlosen Essenz Schutz zu bieten, die viel zu sensibel und auf gewisse Weise auch zu naiv ist, um im alltäglichen Leben zu überleben. All unsere intellektuellen Leistungen, unsere ganzen erlernten Verhaltenweisen und anerzogenen Gefühlsregungen sind Teil unserer Persönlichkeit.

Um Ihnen eine vereinfachte Vorstellung des Unterschiedes zwischen den beiden zu vermitteln, und vielleicht auch eine Idee, auf welche Schwierigkeiten man durch die Beschäftigung mit diesen neuen Ideen stoßen kann, greife ich das Thema Haare noch einmal auf. Obwohl es keine Möglichkeit gibt, den Haartyp zu verändern, mit dem wir nun einmal ausgestattet sind - die Ebene der Essenz - gibt es Tausende von Möglichkeiten, unserem Haar ein anderes Aussehen zu geben - die Ebene der Persönlichkeit. Man kann sein Haar glätten, ihm Locken geben, es in Dauerwellen legen, färben, verdecken oder abschneiden lassen. In all diesen Fällen versucht die Persönlichkeit, das eigentliche Sein, das heißt die Essenz, zu beeinflussen.

Die beiden „Enneagramm"-Systeme

So können wir die beiden, einander scheinbar widersprechenden Typensysteme, als zwei Möglichkeiten betrachten, den gleichen „Kuchen" aufzuteilen. Die Körpertypen, um die sich dieses Buch dreht, sind Essenztypen. Sie sind angeboren und unveränderbar. Wenn Sie ein saturnaler Typ sind, wird nichts in der Welt aus ihnen einen jovialen Typen machen. Es ist dabei ganz egal, wie Sie erzogen wurden, wo Sie aufgewachsen sind oder ob Sie ein Heiliger oder ein Sünder sind: Sie bleiben ein saturnaler Typ.

Bei den neun Typen, die den Enneagramm-Punkten entsprechen, handelt es sich jedoch um Persönlichkeitstypen. In ihnen spiegeln sich unsere frühen Konditionierungen wieder, und sie gehen wesentlich mehr auf die Einzelheiten unser psychologischen Maske ein. Sie zeigen uns die falschen Vorstellungen, die wir in bezug auf uns selbst haben, auf welche Weise wir einschränkende Verhaltensmuster loswerden können und warum wir uns vielleicht so oder so entwickelt haben.

Wenn wir die beiden Systeme so voneinander trennen, können wir großen Nutzen daraus ziehen. Der eben besprochene Unterschied läßt erkennen, daß beide Systeme für uns sinnvoll sein können, wenn wir unsere Denkgewohnheiten in bezug auf uns selbst verändern und unsere Psyche auf neue und offenbarende Weise erforschen wollen. Um unser Beispiel noch etwas zu erweitern: Wir können jetzt sehen, daß ein saturnaler Essenztyp sehr wohl jeden der neun Persönlichkeitstypen erworben haben könnte. Um mit Palmers Bezeichnungen der Typen zu sprechen: Unser Saturntyp könnte ein Vermittler sein (der Typ an Punkt neun des Enneagramms), ein Perfektionist (Punkt eins), ein Schauspieler (Punkt drei) oder einer der anderen Persönlichkeitstypen sein.

In Wirklichkeit scheinen gewisse Persönlichkeitstypen häufiger mit bestimmten Körpertpyen zusammen aufzutreten, aber es sind noch keine weiteren Untersuchungen in diesem wachsenden Studiengebiet angestellt worden, wenn man von einzelnen subjektiven Beobachtungen absieht. Vielleicht wird dieses Gebiet in Zukunft intensiver erforscht werden. Mit Sicherheit können wir jedoch sagen, daß eine Verbindung der beiden Studiengebiete für den Studenten, der sich die Zeit nimmt, sich mit beiden zu befassen, weitaus mehr Einsichten bringen wird, als das Studium nur eines dieser Gebiete. Und da beide Systeme ihren Ursprung in der Arbeit Gurdjieffs haben, gibt es keinen Grund, warum das eine das andere ausschließen sollte.

Robert Burton

Rodney Collin hatte ganz allgemein versucht aufzuzeigen, woran man Körpertypen erkennen kann. Das war für die allmähliche Erschließung der Körpertypen entscheidend, da die von

Collin, Gurdjieff und Ouspensky gelehrte Methode auf direkter Erfahrung und persönlicher Beobachtung beruhte. In diesem System des Vierten Weges sind Ideen für Sie nutzlos, wenn Sie sie nicht selbst verifizieren können. Körpertypen mußten, um ernstgenommen zu werden, direkt erfahren werden können, sonst hätte man sich mit ihnen in dieser Entwicklungslinie nicht weiter beschäftigt.

Im Jahre 1970 begann ein weiterer Lehrer des Vierten Weges, Robert Burton, einer kleinen Gruppe von Studenten sein Typensystem zu vermitteln. Er ging von den sehr kurzen Beschreibungen aus, die Collin hinterlassen hatte, griff die Arbeit von Dr. Berman auf und begann, das System der Typen wieder zusammenzustückeln.

Ein Großteil der Informationen stammte in der Anfangsphase der Studienarbeit aus den direkten Beobachtungen von Burton und seinen Studenten. Sie fanden heraus, daß die einzelnen Typen deutlich zu erkennen waren und daß es, wie Benham sagte, „klar umrissene und leicht erkennbare Beispiele der Typen in den Straßen unserer heutigen Städte gibt". Über die Jahre hinweg wurden die grundlegenden Daten, auf denen das Studiengebiet beruht, dadurch erarbeitet, daß man die sieben Typen in den Menschen der Umgebung wiederentdeckte. Burton und seine Studenten entwickelten eine solche Geschicklichkeit auf diesem Gebiet, daß sie im Jahre 1973 auf privater Basis die erste neuzeitliche Abhandlung über Körpertypen herausgeben konnten. Burton ließ seine Studenten wissen, daß das Studium der Typen seine Spezialität geworden war, sein einzigartiger Beitrag zu den Lehren des Vierten Weges. Tausende von Studenten sind Burtons Lehre in der Vergangenheit gefolgt und folgen ihr noch, und man kann sagen, daß sie sehr wahrscheinlich die größte Gruppe von Menschen sind, die gegenwärtig dieses System der Typen studieren.

Wenn wir die bemerkenswerte Vergangenheit der Körpertypen in der Geschichte unserer Kultur betrachten, müssen wir jedoch davon ausgehen, daß dies nur der jüngste und wahrscheinlich nicht der letzte Ausdruck der ältesten und nützlichsten Art und Weise der Kategorisierung der essentiellen Natur des Menschen ist, die bislang entdeckt wurde. Meiner Meinung nach ist bis zum heutigen Tage kein wirksameres Werkzeug entwickelt worden, mit dem man die spezielle Ausprägung unserer essentiellen Natur enthüllen kann. Mit keinem anderen Werkzeug läßt sie sich so leicht beobachten und wird sie für unsere persönlichen Studien so zugänglich. Diese innewohnende Macht ist es, die das Studium der sieben Körpertypen wieder zum Leben erweckt hat.

Grundlegendes zu den Körpertypen

Ich habe die Erfahrung gemacht, daß Körpertypen leicht zu erkennen sind, daß jeder sie wahrnehmen kann, der ein bißchen nach ihnen Ausschau hält. Man geht am besten so vor, daß man sich zu Beginn - wie bei anderen Exkursionen auch - die richtigen Werkzeuge besorgt. Man sollte eine generelle Idee davon haben, wohin die Reise geht und einen Weg wählen, auf dem es hier und da Hinweisschilder von Menschen gibt, die diesen Weg bereits gegangen sind. Bevor wir losgehen, müssen wir jedoch einige der Ideen verstanden haben, die allen Typen zugrunde liegen.

Das Enneagramm

Eines der elementaren Werkzeuge, die wir beim Studium der Körpertypen einsetzen, ist ein Diagramm aus der Philosophie von George Gurdjieff. Es besteht aus drei von einander unabhängigen Figuren, die zu einer einzigen verschmolzen sind, und da es ein Neuneck ist, nennt man es Enneagramm (die Vorsilbe Ennea bedeutet neun).

Die äußere Figur ist ein Kreis, auf dem sich in gleichmäßigen Abständen die neun Punkte befinden. Jeder Punkt ist numeriert. Der höchste Punkt ist die Nr. 9, der Punkt rechts davon ist die Nr. 1, der rechts davon Nr. 2 usw. im Uhrzeigersinn um den Kreis herum. Die zweite Figur ist das gleichseitige Dreieck, das entsteht, wenn man die Punkte neun, sechs und drei miteinander verbindet. Die dritte Figur verbindet die verbleibenden 6 Punkte in folgender Reihenfolge: eins, vier, zwei, acht, fünf, sieben.

Daraus ergibt sich eine aufwärts strebende, sich überkreuzende Figur, die aus sechs Linien besteht und die sowohl vom äußeren Kreis als auch dem inneren Dreieck losgelöst besteht. Gurdjieff benutzte das Enneagramm, um viele seiner Ideen über den Menschen und vieles aus seiner Kosmologie zu veranschaulichen. Wir benutzen grundsätzlich nur die innere Figur mit den sechs Punkten zum Studium der Körpertypen.

Bis auf den solaren Typen, der keinen bestimmten Platz hat, belegt jeder der Typen einen der Punkte der sechseckigen Figur. Der lunare Typ gehört zu Punkt eins, und in der gleichen Reihenfolge, in der wir die Figur auch vorhin aufgebaut haben, folgt dann auf Punkt vier der venusische, auf Punkt zwei der merkurische, auf Punkt acht der saturnale, auf Punkt fünf der marsische und auf Punkt sieben der joviale Typ. Vom jovialen Punkt sieben aus vervollständigt man die Figur, indem man die Linie wieder zu Punkt eins zurückführt.

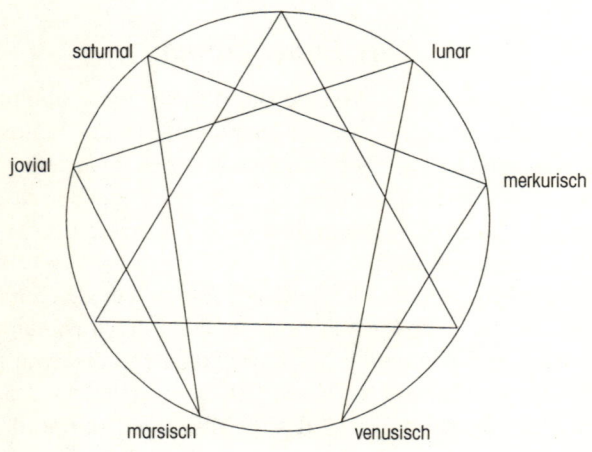

Das Enneagramm der Körpertypen

Es gibt keine „reinen" Typen

Innerhalb dieses Schemas gibt es einfach keine vollständig reinen und unvermischten Typen. Jeder von uns befindet sich entlang dieser Entwicklungslinie auf einer speziellen Position, und die einzigartige Mischung unseres Typs enthält Einflüsse aller Typen.

Wenn wir die Typen als Archetypen betrachten wollen, als Symbole für die Komponenten unserer Triebstruktur, müssen wir sie einzeln unter die Lupe nehmen. Dann liefern sie uns eine kurze Darstellung jener Leidenschaften, jenes Wunsch- und Wahrnehmungspotentials, über das wir alle verfügen. So isoliert sind die Typen losgelöste, aber gleichwertige Mitglieder eines Pantheons wie ein Satz Hormondrüsen, ein Sonnensystem oder eine menschliche Gesellschaft. Die Menschen, denen wir begegnen, sind jedoch Mischtypen, in denen benachbarte Typen sich vermengt haben und in denen Spuren sämtlicher Typen zu finden sind.

Die Weiterentwicklung der Typen

Die Weiterentwicklung der Typen von einem Enneagrammpunkt zum nächsten ist eine der wesentlichen Ideen der Körpertypenlehre. Die Richtung dieser Entwicklung bestimmt die Reihenfolge, in der die Typen vorkommen, und der Aufbau des Enneagramms bestimmt viele der Eigenschaften, die die Typen besitzen. Wenn wir uns diese Entwicklung durch die Enneagrammpunkte etwas näher anschauen, erkennen wir, daß die Körpertypen eigentlich eine fortlaufende Entwicklung von Energie durch eine Reihe von klar erkennbaren menschlichen Ausdrucksformen sind. Von diesem Gesichtspunkt aus betrachtet, wird deutlich, daß das Schema der Typen ein ganzheitliches System ist, in der die ganzen verschiedenartigen menschlichen Gestalten enthalten sind, und nicht etwa eine Reihe von sechs oder sieben Kategorien, in die jeder Mensch hineinpassen muß.

Man könnte des praktischen Verständnisses halber auch sagen, daß sich jeder Mensch irgendwo in diesem Energiefluß, das heißt auf den Linien befindet. Die Richtung, in der die Energie fließt, ist stets gleichbleibend. Wenn wir von Typen sprechen, meinen wir Entwicklungsstufen innerhalb der folgenden Ordnung: lunar, lunar-venusisch, venusisch, venusisch-merkurisch usw. So kommen wir auf insgesamt 13 Körpertypen, die einen vollständigen „Satz" im Sinne der hier dargestellten Körpertypen-Theorie ergeben: zum einen die sechs Typen, deren Eigenschaften den hauptsächlichen, genau definierten Punkten des Enneagramms entsprechen, zum anderen die sechs Mischtypen, die jeweils Halbschritte zwischen oder Mischungen aus zwei benachbarten Typen sind und schließlich der solare Typ, der sich

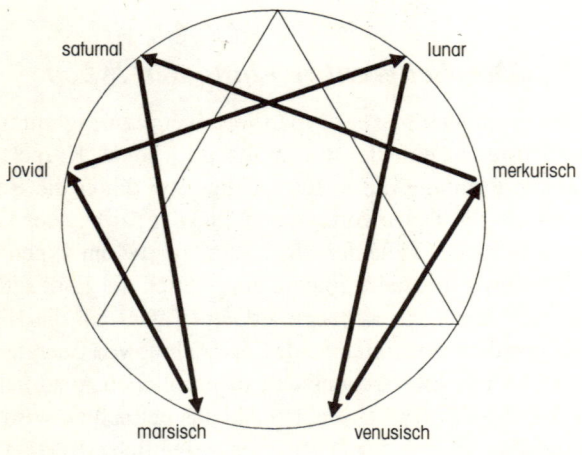

Die Weiterentwicklung der Typen im Enneagramm

irgendwo außerhalb des allgemeinen Flusses befindet. Diese dreizehn Typen ergeben mehr oder weniger einen vollständigen Satz, von dem aus wir mit dem praktischen Studium beginnen können. Wir werden tatsächlich feststellen, daß die meisten von uns beobachteten Menschen Mischtypen der einen oder anderen Art sind.

Ein Beispiel

Lassen Sie mich Ihnen deutlich machen, was ich meine, indem ich mich selbst als Beispiel nehme. Da mein Körpertyp von Mond und Jupiter beherrscht wird, bin ich ein jovial-lunarer Typ. (Kein lunar-jovialer, denn wir müssen uns an die Reihenfolge des Energieflusses halten.) Ich kann gelegentlich venusische, saturnale oder auch andere Wesenszüge in meinen Einstellungen und Verhaltensweisen entdecken, doch das meiste von dem, was ich an mir sehe, entspricht etwa zu gleichen Teilen dem jovialen und dem lunaren Typ. Und obwohl mein Typ grundsätzliche Wesenszüge mit dem jovialen und lunaren Typ gemein hat, ist der jovial-lunare darüber hinaus auch ein eigenständiger Typ, der wie die anderen Punkte des Enneagramms seine eigene harmonische Zusammenstellung von Verhaltensweisen besitzt.

Positive und negative Typen

Der rhythmische, sich wiederholende Energiefluß des Enneagramms hilft uns durch seine Strukturiertheit, zwei der grundsätzlichen Eigenschaften der Körpertypen zu verstehen. Diese Eigenschaften spielen für die Grundzüge unserer körperlichen Gestalt und unsere allgemeine Erscheinung eine überragende Rolle. Sie bestimmen unser Denken, unsere Beziehungen und unsere grundlegenden Einstellungen.

Erstens ist jeder Typ entweder positiv oder negativ, wie eine elektrische Ladung entweder positiv oder negativ ist. Diese Ladung wechselt bei jedem Übergang von einem Typen zum anderen. Lunar, der Ausgangspunkt, ist ein negativer Typ, der venusische Typ dagegen ist positiv. Der merkurische Typ ist negativ, der saturnale positiv, Mars negativ und der joviale Typ wieder positiv. Der solare Typ, der nicht am Energiefluß der Typen teilnimmt, ist ebenfalls positiv. Ob nun negativ oder positiv, diese Eigenschaft prägt unsere Wahrnehmung des Lebens und beeinträchtigt viele Bereiche unseres Verhaltens.

Einfach ausgedrückt, sind positive Typen optimistischer. Sie kümmern sich weniger um die schwierigen und unangenehmen Seiten des Lebens und scheinen ganz allgemein konstruktiver zu denken. Negative Typen sind skeptischer, rastloser und unzufriedener. Das Leben wirkt düsterer auf sie, sie sind vorsichtiger, und sie können oft nicht anders, als sich auf die Fehler, Makel und wiederkehrenden Mißerfolge im Leben zu konzentrieren.

Aktive und passive Typen

Das zweite grundsätzliche Merkmal aller Körpertypen sagt etwas darüber aus, wie aktiv oder passiv sie sind. Bei diesem Merkmal wird das Enneagramm anders unterteilt: die aktiven Typen sind Merkur, Saturn und Mars, die passiven sind Jupiter, Mond und Venus. Diese Eigenschaften wechseln sich nicht wie die positive und negative Ladung ab. Aktivität und Passivität, die dem männlichen und dem weiblichen Prinzip entsprechen, nehmen während der Weiterentwicklung der Typen zu und ab und beeinflussen dabei auf subtile Art und Weise die Vitalität und den Tonus eines jeden Typs.

Bei dieser Weiterentwicklung der Typen durch das Enneagramm stellen wir fest, daß die Energie und die Ausrichtung im lunaren Typ am passivsten ist. Auch im venusischen Typ ist die Energie noch passiv, kommt aber im merkurischen Typ in den aktiven Bereich, kulminiert in der saturnalen Aktivität und nimmt im marsischen Typ wieder ab. Schließlich kehrt die Energie auf der Schwelle des Jupiters wieder in den passiven Bereich zurück, und der Zyklus ist abgeschlossen. Der solare Typ, der an diesem Kreislauf nicht teilnimmt, ist ein aktiver Typ. Da die aktive Kraft nicht statisch ist, sondern sich durch unterschiedliche Stufen unter einer Vielzahl von Einflüssen weiterentwickelt, bis sie zum Schluß passiv wird, stellt jeder Typ eine spezifische Qualität oder Mischung dieser Einflüsse dar.

Merkur trägt zum Beispiel noch Spuren der weiblichen Energie in sich, die mit der ihm vorangehenden Venus in Verbindung stehen, während der Jupiter noch Spuren der männlichen Energie seines Vorgängers Mars aufweist. Venusische Menschen, deren Verstand und Körper bei weitem die ruhigsten von allen sind, scheinen in die tiefste Passivität hinabgesunken zu sein. Doch eigentlich ist der lunare Typ der reinste Ausdruck der passiven, weiblichen Energie, da er die passive Energie des Jupiters hinter sich und die passive Energie der Venus vor sich hat.

Obwohl Mars die aktive Energie ansammelt und seine Aktivität am aggressivsten ist und obwohl Merkur die von der Venus aufsteigende, junge Aktivität in sich trägt, ist wiederum Saturn - trotz seines langsamen und introspektiven Verhaltens - der hauptsächliche Vertreter der aktiven Rolle. In ihm erreicht die maskuline Energie ihren Höhepunkt, während sie sich von Merkur zu Mars bewegt.

Die Verknüpfung der grundlegenden Eigenschaften

Man kann sehr leicht lernen, die aktiven und passiven Qualitäten von Menschen zu identifizieren, wenn man sich anschaut, womit sie ihre Zeit verbringen. An einem ruhigen Sonntagnachmittag findet man den einen Menschen beim Hausputz, den anderen bei Arbeiten am Auto. Wieder ein anderer ist damit zufrieden, es sich mit einem guten Buch auf einem Sessel gemütlich zu machen und den ganzen Tag über nicht aus dem Haus zu gehen. Diejenigen, die etwas tun müssen, sind meist aktive Typen.

Die Verbindung zwischen aktiven, passiven, positiven und negativen Eigenschaften ergibt insgesamt vier verschiedene Kombinationen für die sieben Typen. Der lunare Typ ist der einzige, der sowohl passiv als auch negativ ist. Saturn ist das genaue Gegenteil, aktiv und positiv. Der venusische und der joviale Typ sind passive, positive Typen und finden ihr Gegenstück in Merkur und Mars, die beide aktiv und negativ sind.

Aktive und positive Menschen - die saturnalen und solaren Typen - sind voller Pläne, bauen Häuser, gründen Organisationen, arbeiten an ihrer Karriere oder spannen ihre Freunde dafür ein, ihnen bei ihren vielen Projekten zu helfen.

	AKTIV	PASSIV
POSITV	saturnal solar	venusisch jovial
NEGATIV	merkurisch marsisch	lunar

Der merkurische und der marsische Typ sind aktive und gleichzeitig negative Typen. Sie sind ruhelos und brauchen keinen Grund, um in Bewegung zu sein. Sie müssen in Bewegung sein - zwanghaft. Aber wohin sie sich auch bewegen, der Ärger folgt ihnen auf den Fersen. Sie können sich keinen Film anschauen, ohne daß ihnen die schlechte Arbeit des Filmschneiders auffällt, sie können noch nicht einmal in einem neuen Restaurant essen gehen, ohne die Bedienung zu kritisieren. Sie freuen sich, wenn sie jemanden haben, den sie auf diese Makel aufmerksam machen können, und Sie könnten Ärger kriegen, wenn Sie anderer Meinung sind.

Der venusische und der joviale Typ sind beide passiv und positiv. Sie sind verspielt und beliebt. Sie sind warm und großzügig, manchmal sogar wohltätig. Sie sind immer da, um Freunden oder Fremden in der Not zu helfen - ob nun eine Schüssel Hühnersuppe oder Bargeld benötigt wird. Sie können sinnlich und amüsant sein, sind aber häufig auch desorganisiert und faul. Der lunare Typ, der einzige negative und passive Typ, ist ein Einzelgänger. Er ist mit den Dingen, so wie sie sind, unglücklich, kann aber nur darüber lamentieren. Er ist der Meinung, daß das Wetter schrecklich ist, daß er einen langweiligen Beruf hat und daß das Leben kaum lebenswert ist. Als ob es nicht schon reicht, passiv zu sein - es kann ihnen auch noch der Wunsch, die Energie oder beides fehlen, etwas zu verändern.

Der Energiefluß enthält das jeweilige Heilmittel

Der Fluß der Typen im Enneagramm enthält jedoch auch das jeweilige Heilmittel für jeden Typ, um seine spezielle Unausgewogenheit zu überwinden. Wenn man auf den Typ schaut, der vor einem liegt, und sich die Stärken dieses Typs ansieht, wird man genau das finden, was man braucht, um die eigenen Schwächen auszugleichen.

Ein lunarer Typ zum Beispiel, der nicht anders als kühl und distanziert sein kann, auch wenn in ihm die Leidenschaft pulsiert, wird in der Wärme und der Offenheit der Venus ein Gegenmittel dafür finden. Sollte er in der Lage sein, sich diese Eigenschaften anzueignen, werden seine Qualen abnehmen, denn er wird lernen, sich anderen gegenüber zu artikulieren. Die Dynamik, die in dieser Weiterentwicklung der Typen im Enneagramm enthalten ist, die psychologischen Erkenntnisse und die persönliche Harmonie, die es in Aussicht stellt, sind wesentliche Vorteile, die uns das Studium der Körpertypen bringt. Während wir die charakteristischen Merkmale der einzelnen Typen studieren,

lunar

lunar-venusisch

merkurisch

merkurisch-saturnal

marsisch

marsisch-jovial

solar

Die Körpertypen-Kombinationen

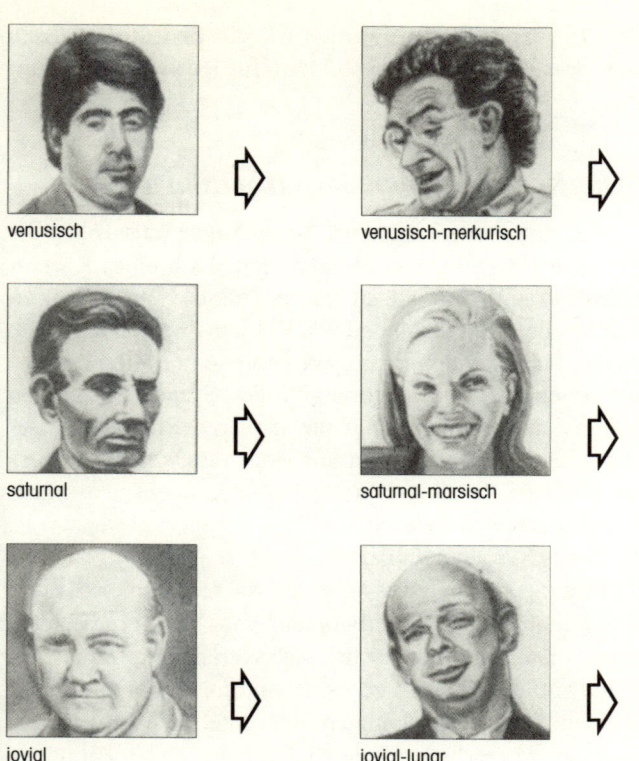

venusisch

venusisch-merkurisch

saturnal

saturnal-marsisch

jovial

jovial-lunar

Der Kreislauf der Typen: *Details aus den Portraits der Typen werden an dieser Stelle gezeigt, um einen Eindruck zu vermitteln, wie sich die Energie „weiterentwickelt", während sie durch die einzelnen Typen wandert. Traditionell bildet der lunare Typ den Anfang. Man kann die subtilen Übergänge von einem Typ zum nächsten erkennen, während die Energie durch die zwölf grundlegenden und Mischtypen fließt. Vom jovial-lunaren Typ fließt die Energie wieder zum lunaren zurück, um aufs neue mit ihren endlosen Variationen zu beginnen. Den solaren Typen sehen Sie ganz links - er nimmt nicht an diesem Energiekreislauf teil.*

die jeweils vor uns liegen, werden wir die Bedeutung dessen erfassen, was diese Weiterentwicklung für jeden Typen bereithält.

Die Körperformen der einzelnen Typen

Ein Gebiet, mit dem wir uns noch beschäftigen müssen, ist die Vielzahl von Körperformen, die man innerhalb eines Körpertypen finden kann. Wir könnten uns - um dieses Gebiet etwas zu beleuchten - dazu mit der Arbeit von William Sheldon befassen, und sagen, daß es endomorphe, ektomorphe und mesomorphe Körperformen in jeder Kategorie gibt. Das System des Vierten Weges, das als Sprungbrett für die moderne Erarbeitung der Körpertypen gedient hat, liefert uns jedoch noch eine differenziertere Methode, die Körperformen in Augenschein zu nehmen. Vielleicht lassen sich dadurch Sheldons Kategorien sogar vollständig in das System integrieren.

Die Idee aus dem Vierten Weg, auf die ich anspiele, ist die des Gravitationszentrums. Zusammengefaßt besagt diese Idee, daß jeder von uns die Tendenz hat, sich vorrangig aufgrund von Einstellungen auf die Welt zu beziehen, die einem speziellen funktionalen Bereich entstammen: dem Intellekt, den Emotionen oder dem körperlichen Bereich. Oder wie Helen Palmer es ausdrückt: dem Kopf, dem Herzen oder dem Bauch. Gurdjieff sagte, daß man diese ursprünglichen Funktionszentren tatsächlich als verschiedene Intelligenzen in uns betrachten kann. Wenn wir wüßten, welche dieser Funktionen die Kontrolle über uns hat, wären wir einem Verständnis unserer Motivationen und unserer grundsätzlichen Art und Weise, die Welt zu betrachten, einen großen Schritt nähergekommen.

Der intellektuelle Typ sieht die Welt zum Beispiel als eine Menge von Dingen, die beschrieben, gekennzeichnet und kategorisiert werden müssen. Der emotionale Typ sucht nach Anlässen, seine eigenen Gefühle zu erfahren. Physisch orientierte Typen bewohnen eine Welt von Objekten und Räumen, die zueinander in Beziehung stehen. Bei einem Konzert können wir es uns so vorstellen, daß der intellektuelle Mensch den Verlauf der Partitur verfolgt, daß der emotionale Typ von den Gefühlen davongetragen wird, die die Musik in ihm auslöst, und daß der körperlich orientierte Mensch von der Bewegung in der Musik und von den Empfindungen gebannt wird, die er durch sie hat. Wenn die Aufmerksamkeit abschweift, verliert sich der Intellektuelle in seinen Gedanken und in Gedanken über Gedanken. Der emotionale Typ hingegen könnte von einer vergangenen oder vor ihm liegenden Begegnung mit einem Menschen, der positive oder negative Gefühle in ihm auslöst, gefangen genommen werden, und der physisch orientierte Typ würde anfangen, unruhig zu werden und an die Projekte denken, die erledigt werden müssen, oder an Orte denken, die er besuchen könnte.

Die Übereinstimmung mit Sheldons Typen

Hinzu kommt, daß jeder der drei Typen einen charakteristischen Körperbau hat, der dem der drei Typen von Sheldon sehr ähnlich ist. Intellektuelle Menschen haben das drahtige Aussehen des ektomorphen Typs. Sie haben feinere Züge als andere, und ihre Finger und Zehen sind häufig schlank und zart. Emotionale Menschen haben das plumpe, runde Aussehen des endomorphen Typs. Sie sind fleischig, haben Gewichtsprobleme und werden leicht rot im Gesicht. Der körperlich orientierte Typ hat den kräftigen, muskulösen Körperbau des mesomorphen Typs. Er ist kompakt gebaut, schwer und hat einen guten Tonus.

Auch die Charakterzüge, die den drei Typen von Sheldon zugeordnet werden, passen in dieses Schema. Ektomorphe Menschen werden manchmal als mental aktiv und begeisterungsfähig beschrieben, was Anzeichen für den intellektuellen Typ sind. Von endomorphen Menschen sagt man, daß sie sozial sind und Bequemlichkeit lieben - Charakterzüge, die man auch im emotionalen Typ findet. Und mesomorphe haben mit den physisch orientierten Typen gemeinsam, daß sie tendentiell aktiv und unternehmungslustig sind. Es gibt also wirklich Beweise, die diese Unterteilungen beim Studium der sieben Typen brauchbar erscheinen lassen.

Wenn wir zu diesen Informationen das hinzufügen, was wir über die grundlegenden Körpertypen wissen, können wir sagen, daß es zum Beispiel intellektuelle Mars-Typen, emotionale Mars-Typen und physisch orientierte Mars-Typen gibt. Alle drei sind Variationen des Mars-Themas, und jeder von ihnen hat einen eigenen, von den anderen verschiedenen Charakter. Und jeder der drei Fälle wäre eine Modifizierung der grundlegenden marsischen Ausrichtung, manchmal eine beträchtliche. Wie bei jeder anderen echten Kategorisierung von Menschen werden sich diejenigen, die eine spezielle Ausrichtung haben, in Gleichartige werden einfühlen können. Zum Beispiel werden emotionale Mars-Typen auf einer gewissen Ebene sofort die motivierenden Kräfte eines emotionalen Jupiter-Typs erkennen können.

Tatsächlich ist dieses Zentrum der Gravitation oder die vorherrschende Funktion so wichtig, daß eine wirklich umfassende Behandlung der sieben Körpertypen diese Unterteilung mit einbeziehen müßte. Die vollständige Behandlung des Themas sprengt jedoch den Rahmen der gegenwärtigen Arbeit und muß noch eingehender erarbeitet werden.

Die Arten der Beziehungen

Wir können in dem Enneagramm auch die Anziehungs- und Abstoßungskräfte zwischen den Typen einzeichnen. Wir wären wahrscheinlich nicht überrascht festzustellen, daß reine Gegensätze sich anziehen und daß auch Mischungen von Gegensätzen sich anziehen.

Die Typenpaare, die sich zueinander hingezogen fühlen, stehen sich im Enneagramm gegenüber. Sie haben Qualitäten, die, wenn sie zusammentreffen, eine unangenehme, aber faszinierende Anziehung auslösen. Saturn, der positiv, anziehend und väterlich ist, fühlt sich von dem negativen, passiven und kindischen lunaren Typ angezogen und zieht ihn seinerseits ebenfalls an. Die positive, passive Extravaganz des jovialen Typs ist das perfekte Gegenstück zu Merkurs negativem, aktivem Verstand. Eine rezeptive Venus kann all der aktiven, negativen Energie eines Mars viel Raum geben. Der solare Typ, der in sich auch eine Mischung der anderen Typen trägt, entwickelt Anziehungen, die von dieser Mischung abhängig sind. Sie entsprechen dann weitestgehend denen, die zwischen den anderen Typen existieren.

Die Bande zwischen den drei Paaren von Typen stehen beispielhaft für universelle Beziehungen. Die Verbindung zwischen Saturn und Mond steht für das Ziehen und Drängen in unseren Familienbeziehungen. Sie ist nicht so sehr auffällig, aber stark.

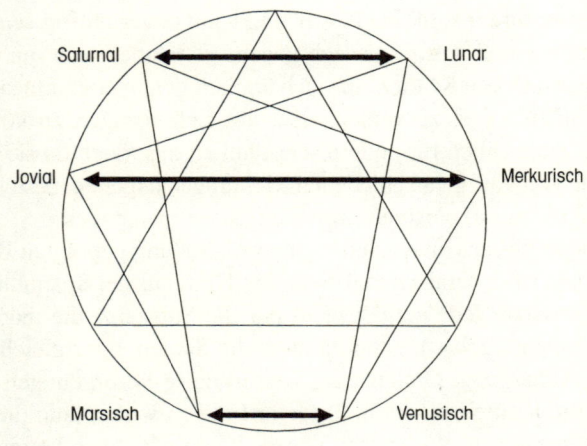

Anziehungskräfte im Enneagramm

Die Verbindung zwischen Merkur und Jupiter steht für unsere gesellschaftlichen Beziehungen wie zum Beispiel das Anwachsen und Abnehmen unseres Freundeskreises. Die Betonung liegt hierbei auf Verschiedenheit, Spontaneität und geistreichen Austausch. Die Verbindung zwischen Mars und Venus vibriert mit der Intensität von Liebesbeziehungen. In diesem Bereich findet man die stärksten unangenehmen Gefühle. Vielleicht hat jeder von uns auch einen Typ, mit dem er sich einfach nicht versteht: die Chemie stimmt einfach überhaupt nicht. Wir stoßen einander durch ganz natürliche Kräfte ab wie die positiven Pole zweier Magneten. Wir kommen uns einfach nicht nah genug, so daß eine wirkliche Berührung zustande kommt. Obwohl wir uns einander bewußt genug sind, um den jeweils anderen aus unserem Raum auszuschließen, ist es doch eine verschwommene, anspruchslose Bewußtheit. Diese Menschen existieren für uns nicht.

Merkur und Mars - die beiden aktiven, negativen Typen - stoßen einander mehr ab, als jede andere Kombination im Enneagramm. Ihre instinktive Abstoßung kann unvernünftig sein, unmittelbar und heftig vor sich gehen. Es handelt sich um einen Gegensatz von Kräften, die sich ähnlich genug sind, um sich zu erkennen, aber zu verschieden, um sich ertragen zu können. Ihre Ziele sehen für andere sehr ähnlich aus, doch da sie diese Ziele von völlig verschiedenen Richtungen angehen, besteht das Risiko eines explosiven, frontalen Zusammenstoßes.

Jede dieser von Anziehung und Abstoßung geprägten Beziehungen ist dynamisch und zieht ihre Kraft aus der Spannung der Gegensätze. Jede enthält nicht nur die Substanz, die mächtige Sehnsüchte gebiert, sondern auch die Samen einer gleich starken Abneigung. Gleichzeitig weisen diese Verbindungen auch auf die Kräfte hin, die in unserem Inneren wirken und die dort miteinander im Widerstreit liegen. Wenn wir sie so betrachten, erfahren wir etwas über das Wesen unserer eigenen inneren Auseinandersetzungen.

Was uns die Körpertypen sagen

Wenn wir wüßten, welcher Körpertyp unser Freund dort auf unserem Sofa oder unser Vorgesetzter im Büro, unser Partner, unser Vater oder unser Sohn ist, was würde uns das sagen? Ist es möglich, zwischen den charakteristischen Eigenschaften, die uns den Typ verraten, und den Qualitäten zu unterscheiden, die nur Individuen haben? Ich glaube, es ist möglich - aber nur, wenn wir immer daran denken, daß es keine typischen Menschen gibt - egal, wie offensichtlich der Typ eines Menschen zu sein scheint und wie plötzlich uns die Erkenntnis kam, daß er dieser oder jener Typ ist.

Wie jede andere Methode, die man zur Klassifizierung von Menschen verwenden kann, kann man auch Körpertypen falsch verstehen, falsch darstellen und mißbrauchen. Das Ergebnis ist dann Schwindel, eine einseitige Ausrichtung und Borniertheit. Diese Verzerrungen sind nicht in der Idee der Körpertypen enthalten, doch kommt es manchmal dazu, weil wir die Typen mit den Menschen, in denen wir die Typen wiedererkennen, verwechseln.

Es ist wesentlich, daß wir uns in der Unterscheidung dieser beiden Dinge üben. Wir werden sonst nichts über Körpertypen lernen und unser Wissen auch nicht so anwenden können, daß sich unser Verstehen der Menschen erweitert. Die immer wieder wirklich bewiesene Aufrichtigkeit eines Freundes ist speziell seine und hat wenig oder nichts mit seinem Typ zu tun. Vielleicht ist er ein marsischer Typ, der sich durch seine offenen Bemerkungen und unbeschönigten Bewertungen auszeichnet. Die marsische Qualität wird die Form seiner Aufrichtigkeit beeinflussen, wodurch sie direkt und brutal sein wird. Mars kann niemanden ehrlich machen, wenn er es von sich aus nicht ist, genauso wenig wie Merkur jemanden unehrlich machen kann, wenn er sich der Wahrheit verpflichtet fühlt.

Man kann diesen Unterschied in einem Moment erkennen, in

dem jemand zum Handeln aufgefordert ist. Wenn die Umstände von unserem Freund Aufrichtigkeit erfordern, wird sich nicht Mars zeigen, sondern etwas, was tiefer sitzt und persönlicher ist. Es wird ihn dazu bringen, seiner Überzeugung treu zu bleiben, und er wird Ihnen, unabhängig von dem Risiko, das er dabei eingeht, seine wahre Überzeugung mitteilen.

Wenn wir etwas Edles, Täuschungsversuche, Intelligenz, einen flexiblen Geist, Vorurteile, Mut, Ehrgeiz oder Anmut in den Menschen sehen, die wir beobachten (oder auch in uns selbst), schauen wir auf Zeichen ihrer Individualität - auf etwas, was tief im Inneren des Gebäudes liegt, das der Körpertyp vorgibt.

Mir ist dieser Unterschied deswegen so wichtig, weil ich die Körpertypen in den Beschreibungen, die in den nächsten Kapiteln folgen, jeweils als Ganzes behandeln mußte. Es handelt sich bei den Beschreibungen nicht um Beschreibungen spezieller Menschen. Sie sollen Hinweise auf die mit den Typen verbundenen Themen liefern, die Atmosphäre beschreiben, die sie umgibt, und die Motive zeigen, die sie antreiben. Diese Beschreibungen machen deutlich, welche Wünsche wir unserem Körpertyp zu verdanken haben und wie wir diese Wünsche verfolgen. Obwohl es sich dabei um Abstraktionen handelt, sind sie nützlich, und ich lade Sie dazu ein, sie zu verwenden, um sich selbst und die Menschen in Ihrer Umgebung zu beobachten.

Was gewinnen wir durch das Studium der Körpertypen?

Menschen, die die Körpertypen studieren, sehen sich fast augenblicklich mit anderen Augen. Sie sind erschüttert und beginnen, ihr eigenes Verhalten in einem ganz neuen Licht zu sehen. Ein Mensch, der beginnt, viele joviale Anzeichen an sich selbst zu erkennen, wird sich zum Beispiel auch anfangen zu wundern, warum er so stolz auf seine Großzügigkeit ist. Oder er wird sich auf eine ganz neue Weise die vielen Freunde anschauen, die er so mühelos gewinnt, und erkennen, daß diese Freunde vielleicht sehr wenig über ihn wissen. Vielleicht beginnt er sich in der Tat zu wundern, welche von den Qualitäten, auf die er so stolz war, wirklich seine eigenen sind.

Während dieser joviale Typ auf der einen Seite sicherlich etwas von seinem Stolz verloren hat, hat er auf der anderen Seite auch etwas gewonnen. Er kritisiert sich nicht mehr dafür, daß er Projekte nur selten zu Ende führt oder zehn Bücher auf einmal liest. Er weiß, daß es für joviale Menschen natürlich ist, in Phasen zu leben - sie tun nie lange das gleiche. Er findet eine Erklärung (keine Rechtfertigung) für seinen unverantwortlichen Umgang mit Geld. Er hat sowohl in bezug auf seine typischen, automatischen Haltungen seinen Stolz aufgegeben, als auch seine genauso automatischen Schuldgefühle losgelassen.

Je mehr jemand sein Wissen um Körpertypen erweitert, desto mehr trägt es zu seinem Verstehen bei. Er kann anfangen, die Liebesbeziehungen, die er gehabt oder nicht gehabt hat, für sich zu klären, indem er das, was er über die Anziehung der Typen weiß, darauf anwendet. Mißverständnisse überraschen ihn nicht mehr, wenn er die subjektiven, eigenartigen Sichtweisen von jedem Typ studiert hat. Vielleicht vermag er sogar die Wesenszüge zu entdecken, die ihn harmonisieren können, wenn er den Wunsch verspürt, an sich selbst zu arbeiten.

Die Ideen, die ein Studium der Körpertypen vermittelt, können problemlos mit der Vielzahl menschlicher Aktivitäten mithalten. Sie faszinieren die Vorstellungskraft immer wieder, während sie von einem beständigen Strom neuer Beobachtungen gefüttert werden. Ob wir die Richtlinien eines amtierenden Präsidenten unter die Lupe nehmen oder die Frömmigkeit eines Papstes aus der Renaissance hinterfragen: wenn wir die Typen kennen, erweitert sich dadurch unser Verständnis, unsere Gedanken werden klarer, und wir haben Zugang zu einer ganz neuen Sicht des Menschen.

Jemand, der sich auch weiterhin mit diesem Studium beschäf-

tigt, könnte mit der Zeit bemerken, daß er die Enneagrammtypen überall wiedererkennt. Wie ein komplexer und subtiler Sym-
bolismus scheinen sie der ganzen Gesellschaft zugrunde zu liegen. Um die vielen Möglichkeiten aufzuzeigen, die dieser Sym-
bolismus enthält, wären sicherlich mehrere Bücher nötig. Vielleicht können ein paar Beispiele die Tragweite seines Einflusses
sichtbar machen.

Ästhetische Zyklen

Schauen Sie sich einmal an, wie sich das Schönheitsideal über
die Jahrhunderte hinweg verändert hat. Warum fällt es vielen
Menschen heutzutage schwer, die korpulenten und verspielten
Frauen in den Gemälden von Rubens zu bewundern? Vielleicht
gibt es einen Zyklus der Typen, so, daß jeder Typ einmal eine
Phase der Vorherrschaft in der Gesellschaft innehat. Wenn das
so wäre, könnte sich aus diesem Grund das Schönheitsideal von
diesen korpulenten Gestalten entfernt haben. Heute bestimmt
Saturn unser ästhetisches Empfinden. Vielleicht durchleben wir
eines der wenigen Zeitalter der menschlichen Geschichte, in denen saturnale Frauen als der Inbegriff weiblicher Schönheit betrachtet werden, ein Zeitalter, in dem Millionen von Männern
von aggressiven, knochigen und im weitesten Sinne maskulinen
Frauen träumen.

Wir könnten auch versuchen, die verschiedenen Rollen in der
Gesellschaft mit dem Konzept der Körpertypen in Übereinstimmung zu bringen. Dabei würden die Symbole der Typen für die
verschiedenen Arbeiten stehen, die Menschen verrichten und die
dazu beitragen, eine reichhaltige und vollständige Gesellschaft
aufzubauen. Der lunare Typ trägt beharrliche Arbeit und Abson-
derlichkeiten bei, die Venus als Typ ist für Wachstum, Erziehung
und Fürsorge zuständig. Merkur fungiert als intellektueller Leiter und bildet die Grenze zur Kriminalität, während Saturn das
Ganze stabilisiert und regiert. Mars führt die Kriege, beschützt

das Gebiet und stößt in neue Bereiche vor, der joviale Typ belehrt und unterhält andere, heilt und verbindet die Teile der Gesellschaft miteinander. Der solare Typ schließlich fügt Charisma und Glanz hinzu.

Typen und Nationen

Ganze Nationen und Menschenrassen können entsprechend dieser Unterteilung nach Typen klassifiziert werden. Die lange und abgeschiedene Geschichte der Chinesen legt nahe, daß es sich bei ihnen um eine lunare Rasse handelt - verschlossen, eigensinnig und unergründlich. Oder nehmen wir die Geschichte der Briten, die zu unseren Vorstellungen von Fairness und Gerechtigkeit beigetragen haben, während sie ganze Kontinente beherrschten: das entspricht dem Typus, der sich zwischen Saturn und Mars erstreckt. Die erfinderische, schnelle und lebhafte Art der Japaner erinnert uns an den geschickten Merkur.

Diese Ideen ließen sich immer weiterspinnen, und die Theorie der Körpertypen würde uns weiterhin von allen Ecken und Enden anspringen. Endlos. Wenn wir durch diese weite und detaillierte Landschaft wandern, empfinden wir abwechselnd Demut und Erstaunen, oder Einsicht folgt auf Einsicht. Nie jedoch wird es langweilig. Jede Beobachtung, jede weitere Erkenntnis untermauert die Realität der Typen und treibt uns zu noch genaueren Beobachtungen, noch tieferem Verstehen.

Schließlich beginnen wir zu erkennen, wie wirksam und durchdringend das Werkzeug ist, das uns gegeben wurde. Es ist ein Werkzeug, das seine größten Effekte erzielt, wenn es unsere Selbsterkenntnis erweitert, wenn es uns ganz neue Grenzen zwischen dem Falschen und dem Echten in uns aufzeigt. In dem Augenblick beginnen sich die Konturen der Typen aus dem Nebel der Begrifflichkeiten herauszuschälen und die uns bekannten Züge der Welt anzunehmen, in der wir schon immer lebten, die wir aber gerade erst jetzt beginnen zu erkennen.

TEIL II

Die sieben Körpertypen

Der lunare Typ

Der lunare Typ ist wie ein stilles Wasser mit großem, emotionalem Tiefgang. Innerlich mag ein lunarer Typ völlig aufgeregt sein, doch anderen wird er es nur anhand eines kaum merklichen Errötens zu erkennen geben. Diejenigen, die ausgezogen sind, um die Geheimnisse des lunaren Typs zu ergründen, sind meist kopfschüttelnd zurückgekehrt. Frustriert, manchmal sogar bestürzt. Je mehr man sich zu wünschen scheint, daß der lunare Typ endlich sprechen möge, um so stärker wird sein Widerstand - bis hin zur absoluten Verstocktheit. Ein lunarer Typ kann wie die Cheshire-Katze aus Alice im Wunderland genau in dem Augenblick verschwinden, in dem Sie glauben, daß er Ihnen jetzt alles erzählen wird. Und dann sitzen Sie da und haben nur noch diesen Hauch von einem Lächeln in Erinnerung.

Jeder, der schon einmal mit lunaren Typen etwas zu tun hatte, kann Ihnen sagen, wie sie mit neuen Ideen umzugehen pflegen: sie leisten ihnen Widerstand. Es gibt jedoch eine anerkannte Strategie, mit der dieses Problem überwunden werden kann, und die ist, sich einfach auf das erste „Nein" als Antwort auf jede Frage einzustellen. Und auf das zweite. Wenn Sie das dritte Mal fragen, könnten Sie eventuell herausfinden, wie sich der lunare Mensch wirklich fühlt. Sie haben ihm dabei geholfen, das „Nein" aus seinem System herauszuarbeiten.

Lunare Macht

Die Kraft des lunaren Typs ist unschwer zu erkennen: versuchen Sie ihm zu sagen, daß er etwas tun soll, was er nicht tun will. Wenn er sich weigert, was er wahrscheinlich tun wird, werden

Sie eine negative Form von Macht sehen. Es ist nicht die Form von Macht, mit der man andere dazu bringen kann zu tun, was man selbst möchte, es ist vielmehr die Macht eines Gegenstandes, der nicht entfernt werden kann. Aber wie bei Macht im allgemeinen dreht sich das Ganze auch hierbei um Kontrolle.

Die Macht des lunaren Typs ist darauf gerichtet, sich nicht kontrollieren zu lassen, so wie aktivere Machtformen darauf gerichtet sind zu kontrollieren. Es geht beiden Seiten wirklich darum, das Gefühl der Hilflosigkeit zu vermeiden. Wenn aktive und passive Machtformen aufeinandertreffen, kann es so aussehen, als ob eine unwiderstehliche Kraft auf einen nicht zu entfernenden Widerstand trifft, und doch ergänzen sie sich gegenseitig. Lunare Typen brauchen jemanden, dem sie „Nein" sagen können, dem sie den Gehorsam verweigern können, den sie ignorieren können. Sie verlassen sich darauf, daß die aktiveren Typen sowohl ihren Widerstand als auch das damit einhergehende berauschende Gefühl der Unabhängigkeit erwecken. Nachdem sie „Nein" gesagt haben, können Sie sich selbst ins Gesicht sehen und sagen: „Siehst Du, niemand kann Dich dazu zwingen, etwas zu tun, was Du nicht willst. Ich lasse mich von anderen zu nichts bewegen." Ihre Angst davor, ausgenutzt zu werden oder in eine Opferrolle zu geraten, ist stark genug, um sicherzustellen, daß ihnen so gut wie niemand nahekommt.

Diese Macht hat auch ihre positive Seite. Wenn ein lunarer Typ ein Ziel hat, läßt er sich nur schwer davon abbringen. Er konzentriert sich auf das, was er tun will, und sichert sich gegen alles ab, was außerhalb dieses engen Aktionsradius liegt. Diese Beharrlichkeit ist ein anziehender Wesenszug des lunaren Typs und ist gleichzeitig wahrscheinlich auch seine beste Waffe, um gegen eine Passivität anzukommen, die so stark ist, daß er von ihr empfindunglos werden kann.

Ein passiver, negativer Körpertyp

Der lunare Mensch ist ein negativer Typ, und seine Negativität hat etwas Unverblümtes und Unwillkürliches an sich. Alle Ereignisse scheinen gräßlich, alle Menschen schwierig, die Arbeit langweilig und die Zukunftsperspektive düster zu sein. Was kann man also erwarten? Es wird sich zweifellos alles schlecht entwickeln, und in der Zwischenzeit bleibt einem nichts anderes übrig, als zu seufzen und weiterzumachen. Der lunare Typ ist davon überzeugt, daß seine Anstrengungen zu einem Versagen oder zu einer Demütigung führen werden - und diese Gewißheit kann dazu führen, daß er sich nie wirklich einbringt. Er hat das Gefühl, daß er der ewige Versager ist, und dieses Gefühl trübt sein gesamtes Weltbild.

Wenn wir deprimiert sind, neigen wir dazu, uns zurückzuziehen und psychologische Mauern aufzubauen, hinter denen unsere Unzufriedenheit vor sich hin gären kann. Vielleicht sind dies die Mauern, die den lunaren Typ vom Rest von uns entfremden. Sie kommen nicht gut mit dem Rest der Gesellschaft aus und betrachten sich selbst als Außenseiter. Sie fühlen sich von den extrovertierteren Typen falsch verstanden und schlecht behandelt, doch engt sie ihre Unnahbarkeit ein. Dahinter verbergen sich Angst und die Frustration einer sozialen Hemmung. Was für eine Angst? Es handelt sich um die Angst vor Bloßstellung - gesehen zu werden macht Angst, da es ungewollte Aufmerksamkeit mit sich bringt. Hinter dieser Angst mag sich eine Art Scham verbergen. Auf uns wirkt die gleiche Unnahbarkeit des lunaren Typs geheimnisvoll. Er erscheint uns unergründlich und undurchsichtig.

Dieser Typ übertreibt seine Einsamkeit auf vielerlei Art und Weise. Er trägt dunkle Kleidung, in der Hoffnung, daß er dadurch unsichtbar wird oder zumindest anonym bleiben kann. Der Humor von lunaren Menschen hat oft etwas Kindisches. Er ist zu simpel und für andere meist überhaupt nicht komisch. Man

kann sie beobachten, wie sie in den Zimmerecken in sich hinein-
kichern, dort, wo sie jeden sehen können, der hereinkommt, und
wo - wie sie hoffen - selbst nicht bemerkt werden.

Mitten in einer Unterhaltung werden sie über etwas grinsen,
und wenn man sie drängt zu sagen, warum sie gegrinst haben,
werden sie eine verwirrende Erklärung dafür abgeben. Eigentlich ist gar nichts Komisches daran. Lunare Menschen kichern
über Absurditäten. Sie sind es, die in dunklen Kinos stets in den
ergreifenden oder einfach in den falschen Momenten lachen.

In Gesellschaft fühlt sich der lunare Typ unwohl

Es ist nicht schwer zu verstehen, warum der lunare Typ beim
Versuch, sein soziales Problem zu überwinden, auf so viel Widerstand stößt. Ihm fehlt entweder ein aktives, oder ein positives
Element. Der lunare ist der einzige negative und passive Körpertyp, und das kann nicht einfach sein. Er fühlt sich in gesellschaftlichen Initiativen so unwohl, daß er sich bei seinen sozialen Inte-
grationsbemühungen manchmal in einen Bittsteller oder „Krie-
cher" verwandelt oder einen schroffen, abfälligen Ton anschlägt.
Er hat zuviel Angst, um Vertrauen zu haben, und ist zu sehr mit
sich selbst beschäftigt, um seine eigene Wirkung auf andere
wahrnehmen zu können. Wenn er nicht von der Notwendigkeit
getrieben wird oder günstige Umstände vorliegen, fällt er wieder in seine Trägheit zurück und verzieht sich wieder hinter seine Mauern.

Mehr als alle anderen Typen neigt der lunare dazu, sich, seine Ideen und seine Aktivitäten zu verstecken. Er muß sich nicht
zwanghaft wie andere „in Szene setzen" und braucht auch die
Anerkennung anderer nicht als Motivation. Er ist sowieso schon
von Natur aus schüchtern, zweifelt darüber hinaus aber auch noch
daran, daß jemand anders sich für ihn interessieren könnte. Ein

lunarer Typ wird Ihre guten Absichten anzweifeln, wenn Sie Interesse an seinem Leben oder seinen Gedanken zeigen.

Es liegt nicht nur an ihrer nichtssagenden Persönlichkeit, daß lunare Menschen auf andere einen farblosen Eindruck machen. Sie betrachten die Welt selbst durch eine schwarz-weiße Brille. Graue Zonen, Verwirrung und kritisches Urteilsvermögen werden aus ihrem Bild ausgeblendet. Wenn etwas nicht richtig ist, muß es falsch sein. Was nicht gut ist, kann nicht anders bewertet werden - es muß einfach schlecht sein. Sie schwanken in ihren Launen von einem Extrem ins andere, von einer kindischen Erwartungshaltung zur Depression, von beharrlichen Aktionen hin zu Verzweiflung. Man kann den lunaren Typ nicht aus seinen Launen wachrütteln, genausowenig, wie er selbst es kann.

Der Hang zu extremen Positionen

Wenn es etwas gibt, was den Umgang mit lunaren Typen schwierig macht, so ist dies ihr Hang zu extremen Positionen, wobei ihre Natur ihnen einflüstert, sich bloß nicht von der Stelle zu rühren. Sie können knurrig und eigensinnig werden. Wenn Sie ihnen in so einem Augenblick begegnen, werden alle Ihre Überredungskünste nur zur Folge haben, daß sie fester und unnachgiebiger werden.

Die seltsamen Gewohnheiten und Verhaltensweisen des lunaren Typs können dazu beitragen, daß man ihn außerhalb des Kreises stellt, der nach allgemeiner Übereinstimmung als „normal" gilt. Lunare Menschen machen einen seltsamen Eindruck auf uns - nicht jedoch auf sich selbst, da sie von ihrer eigenen merkwürdigen inneren Logik Rückhalt bekommen. Alle Typen bringen hin und wieder einen absonderlichen Menschen hervor, der lunare ist jedoch der einzige absonderliche Körpertyp. Seine Absonderlichkeit rechtfertigt irgendwie sein exzentrisches Verhalten und seine einzigartige Selbstwahrnehmung, doch trägt sie auch ihren Teil zu seiner Isolation bei.

Bewundernswert am lunaren Typ ist seine Beharrlichkeit. Wenn er sich einmal ein Ziel gesetzt hat, gibt er nie auf. Auf seinen Vorgesetzten, sein Land oder seine Ideen wirkt diese Beharrlichkeit wie Loyalität und macht ihn zäh und verläßlich. Sein ganzes engstirniges Denken wird dann konstruktiv, versetzt ihn in die Lage, wirkliche Unterstützung zu geben, und macht aus ihm einen nie ermüdenden Arbeiter für die Sache. Sie sollten sich nie veranlaßt sehen, an seiner Ergebenheit zu zweifeln - er wird Sie bis zum Ende begleiten.

Lunare Menschen sind nicht modebewußt

Der lunare Typ besitzt nicht viel Ausstrahlung und wird kaum im Vorbeigehen Ihre Aufmerksamkeit erregen. Die Frauen haben ein rehartiges Aussehen, und viele von ihnen möchten gar keine Aufmerksamkeit auf sich ziehen. Die Männer sehen verwundbar und offensichtlich empfindlich aus, was das weibliche Element, das wesenhaft zu diesem Typ gehört, deutlich hervortreten läßt. Wenn sie nicht schwarz gekleidet sind, tragen sie sonderbare Farben in genauso sonderbaren Zusammenstellungen. Sie bevorzugen kleingedruckte Stoffe, Spitzen und Rüschen. Sie wirken in der Regel unmodern, auch wenn sie vielleicht nur der Mode einen halben Schritt hinterherhinken. Sie können auch manchmal ganz schick aussehen, doch wirkt es meist entweder zu zaghaft oder zu aufdringlich, so daß man das Gefühl bekommt, daß sie es wohl nie richtig hinbekommen werden.

Lunare Schönheit wird in diesen Tagen nur wenig gewürdigt, obwohl die Skulpturen, in denen versucht wurde, eine vollendete weibliche Gestalt darzustellen - besonders die griechische Aphrodite -, diesem Typ viel zu verdanken haben. In ihnen erkennt man die weichen Kurven, die zarten Proportionen und den feuchten Schimmer der Haut, die die ideale, lunare Frau besitzt. Kein anderer Typ kommt dem Ideal der vollendet weiblichen lunaren Gestalt nahe. Im Leben haben lunare Menschen jedoch häufig sonderbare und kindliche Körper. Sie wirken unausgereift, so, als ob sie aus einem Klumpen Lehm gemacht worden wären, oder haben ein verkrampftes, eulenartiges Gesicht und sehen viel älter aus, als sie eigentlich sind.

Der lunare und der saturnale Typ

Es fällt in der Regel nicht schwer, einen lunaren Menschen zu lieben, denn er erweckt unseren Beschützerinstinkt. Jene hochgewachsenen, kritischen Menschen, mit denen wir sie häufig sehen, sind saturnale Menschen, die auf der Suche nach jemandem waren, den sie beschützen oder retten können. Der saturnale und der lunare Typ sind Gegensätze: der saturnale Typ ist aktiv, wo der lunare passiv ist, männlich, wo der lunare weiblich ist, und steht im Licht der Öffentlichkeit, wo der lunare sich in seine Privatsphäre zurückzieht. Sowohl die lunaren als auch die saturnalen Menschen werden genau zu dem hingezogen, was sie selbst nicht besitzen, und sehen in dem anderen das, was sie für ihre eigene Vervollkommnung benötigen. Wie Vater und Kind schaffen der lunare und der saturnale Typ eine stabile Atmosphäre, die an langwährende Familienbande erinnert. Es ist eine ganz andere Atmosphäre als die der Leidenschaft und des Verlassenwerdens.

Solche Verbindungen entstehen natürlich leicht zwischen saturnalen Männern und lunaren Frauen. Auf der anderen Seite mag ein lunarer Mann auf eine saturnale Frau verwirrend wirken. Vielleicht ängstigt sie die kühle Art des lunaren Mannes oder seine Inaktivität frustriert sie. Zwar wirken die Sanftheit und die stille Intimität des lunaren Typs auf tiefsitzende Bedürfnisse des Saturns anziehend, doch macht der lunare Typ in einer aktiven Welt einen eher ineffektiven und langsamen Eindruck.

Kühl und distanziert

Die kühle Art, die uns bei lunaren Typen so zur Raserei bringt, das heißt ihre Fähigkeit, uns ganz und gar zu ignorieren, abseits zu bleiben und ihre Gefühle zu verstecken, hat auch eine andere Seite. Sie kommt in Gefahrensituationen zum Tragen oder wenn andere von ihren Emotionen und Reaktionen hin- und hergeworfen werden. Der lunare Typ bleibt einfach beherrscht und unbewegt. Seine von Natur aus beherrschte Art hält ihn vielleicht von Parties fern, läßt ihn aber auch Distanz zu den Leidenschaften wahren, von denen andere überwältigt werden.

Diese unheimlich anmutende Distanz ist die Voraussetzung dafür, daß sie bemerkenswert selbstlose und mutige Taten begehen können, zum Beispiel in aller Ruhe in ein brennendes Haus gehen und ein dort von den Flammen eingeschlossenes Kind herausholen.

Die gleiche Sicherheit kommt auch in ihren Unterhaltungen zum Vorschein. Der lunare Typ hat seine Wahrnehmungen bereits auf Extrempositionen reduziert. Dadurch bekommt alles, was er sagt, ein ungeheures Gewicht, egal, wie hirnverbrannt oder exzentrisch seine Meinung auch sein mag. Unabhängig davon, ob er recht hat oder nicht, es hört sich richtig an, und mit diesem Ton der Unfehlbarkeit überzeugt er die Menschen um sich herum.

Das Mittelalter hat Qualitäten des lunaren Typs

Das Mittelalter ist durchtränkt von einer lunaren Atmosphäre. Wenn ich an die starren Bindungen der feudalen Leibeigenen an den feudalen Herren und an die Isolation der voneinander abgeschiedenen Gemeinden denke, erinnert mich das an die lunaren Qualitäten. Dieses Zeitalter glorifizierte zwar Gott, wurde aber von seinem eigenen Pessimismus überwältigt. Die Aktivitäten scheinen sehr eng begrenzt gewesen zu sein, das Leben selbst war ein ewiger Außenseiter. Sogar die Dunkelheit dieses Zeitalters erinnert mich an die gruftige Art des lunaren Typs, der ständig dem Licht der Gesellschaft und der Gesellschaft anderer den Rücken zuwendet. Es erinnert mich an die dunkle, unauffällige Kleidung, die er trägt. In mittelalterlichen Klöstern konnte man den lunaren Typ bei der Arbeit beobachten.

Stellen Sie sich einen Mönch vor, der in der Schreibstube irgendeiner Abtei über ein Manuskript gebeugt sitzt, und machen Sie sich bewußt, mit welch einer bescheidenen Hingabe er sich dem Abschreiben alter Texte widmet. Diese peinlich genaue Arbeit, bar jeden Ruhmes oder Anerkennung, scheint mir ein extremes Beispiel des anonymen Wirkens des lunaren Typs zu sein und vermittelt mir gleichzeitig ein Gefühl für dieses Zeitalter.

Schauen Sie sich einige der in religiöser Hingabe angefertigten mittelalterlichen Elfenbeinschnitzereien an oder die von diesen Mönchen hergestellten, fein ausgearbeiteten Buchsbaumholzbälle, und Sie werden das gleiche Gefühl bekommen. Durch die Dichte und Härte des Buchsbaumholzes ist es möglich, sehr feine Details auszuarbeiten. Ich habe in einem der Klöster in New York eine dieser Schnitzereien gesehen, die etwa so groß wie ein Baseball war. Man kann in ihr ein weites Panorama erkennen. Die Landschaft im Vordergrund weicht einer Stadtlandschaft im Hintergrund, in der sich Kaufleute, Soldaten und heilige Prozessionen drängen. Auf den Feldern plagen sich Bauern ab, und in den Städten werden einzelne Gebäude mikroskopisch genau abgebildet. Egal, wie sehr man schaut, es sind keine Stellen zu entdecken, an denen die Einzelheiten aufhören und die bloße Struktur des Holzes sichtbar wird.

Das hat etwas Lunares. Ein schwacher, aber hartnäckiger Hauch von Verrücktheit und Verwirrung ist zu spüren, wenn man versucht, die Motive oder gar die Methoden herauszufinden, mit denen die Künstler, die diese verblüffenden Kunstwerke geschaffen haben, gearbeitet haben. Diese unheimliche und selbstaufopfernde Hingabe scheint mir ein Wahrzeichen des lunaren Typs zu sein.

Wo man den lunaren Typ heutzutage antrifft

Auch heutzutage benutzt der lunare Typ die gleichen Fähigkeiten und die gleiche Hingabe, derer sich auch die mittelalterlichen Mönche bedienten, doch setzt er sie eher für Forschungsarbeiten oder in Büchereien ein, wo er geduldig für sich alleine studiert und arbeitet. Lunare Menschen sind die anonymen und fleißigen Arbeiter im Hinterzimmer, die exakt und verläßlich mit Büchern und Zahlen umzugehen verstehen, und ausgezeichnete Buchhalter und Bibliothekare. Sie blinzeln im Licht der Öffentlichkeit oder der Anerkennung und können es kaum abwarten, wieder in die Einsamkeit ihrer Studien zurückzukehren. Da sie sich in den kleinsten Partikeln ihres Fachgebietes verloren haben, brauchen lunare Menschen andere, die die Bedeutung dessen ausarbeiten, was sie entdeckt haben. Sie sind darin vernarrt, Dinge in immer kleinere Teile zu zerlegen, immer kleinere Mengen auszumachen, die benannt, analysiert und in Beziehung gesetzt werden müssen, und interessieren sich nicht besonders dafür, ein Gesamtbild zu entwerfen.

Der lunare Typ in der Kunst

Die Gemälde des dänischen Malers Jan Vermeer aus dem 17. Jahrhundert erinnern mich oft an die lunare Qualität, besonders diejenigen, in denen er einsame oder abgekapselte Frauen, ruhig in einer Ecke ihres Hauses sitzend, gemalt hat. Diese Frauen besitzen eine wunderbare Sanftheit oder eine kindische Reserviertheit, die typisch lunar ist. Aus nächster Nähe sind die Einzelheiten der Teppiche, die über die Tische drapiert wurden oder die Klarheit der Landkarten, die an den Wänden hängen, verblüffend. Die ganze Szene ist weit weg, unzugänglich für uns aufgrund ihrer unsichtbaren Abgehobenheit. Die Menschen in diesen Gemälden laden uns nicht dazu ein, den Augenblick mit ihnen zu teilen, der in den Gemälden eingefangen wurde, sondern sind und bleiben unberührbar und in sich selbst vertieft.

Die Landschaften von Jean-Baptiste Camille Corot haben mir eine weitere Einsicht in das Wesen des Lunaren vermittelt. Seine pastoralen Szenen sind zart koloriert, nebulös und ergreifend. Sie erzeugen in uns das Bedürfnis, die Welt von diesem Punkt aus zu betrachten - aus dem Schutz des tiefen Schattens eines überhängenden Baumes heraus und jeglicher Wunsch erlischt, wieder ins Licht hinauszugehen.

Seltsame Charakterzüge

Wie Nachttiere bevölkern lunare Menschen zu vorgerückter Stunde die Städte. Man sieht sie leise durch die verlassenen Straßen schleichen oder hinter dem Tresen eines Cafés hervorschauen, das die ganze Nacht geöffnet ist. Sie scheinen eine primitivere Lebensform zu verkörpern, die sich nur sicher fühlt, wenn sie sich in ihrer Höhle befindet und die Dunkelheit die Gefahren des Tages verbirgt.

Die Wohnung eines lunaren Typs kann einem einen Schauder den Rücken hinunter laufen lassen. Wenn Sie die Vorhänge vor dem Fenster in seiner spärlich beleuchteten Behausung zurückziehen, könnten Sie eine Überraschung erleben. Es könnte sich entweder ein phantastischer Ausblick zeigen, oder aber Sie stellen fest, daß Sie in einen Wetterschacht blicken. Dem lunaren Typ ist es einfach egal, was draußen ist. Am liebsten würde er spät am Tag in einer kühlen, dunklen Höhle aufwachen.

Er erinnert mich an Eulen oder Frettchen, manchmal auch an

Hasen - meist an Tiere, die nah am Boden leben. Ich bewundere ihre Fähigkeit, aufgrund ihrer Beharrlichkeit und ihrer Selbständigkeit zwischen größeren, mächtigeren Raubtieren zu überleben. Es ist wahr, daß der lunare Typ zäh ist und stur noch dazu. Neben seiner Furchtsamkeit besitzt er jedoch auch eine Unschuld, die ihn liebenswürdig macht und die eine Zärtlichkeit in den anderen Typen hervorzurufen vermag, die in Wirklichkeit seine eigene ist.

Der lunare Typ

Allgemeine Ausrichtung
Passiv-weiblich/Negativ

Psychologischer Überblick
Zentrales Merkmal: Eigensinnigkeit oder Unnahbarkeit
Maximale Anziehung: zu Saturn
Maximale Abstoßung: zu jedermann, besonders aber zu anderen negativen Typen

Zentrale Begriffe
absonderlich, geheimnisvoll, pessimistisch, verschlossen, vorsichtig, unkommunikativ, unemotional, ängstlich

Beispiele
Meg Tilly, Woody Allen, Harry Truman, Andy Warhol, Emily Dickinson, Truman Capote, Tom Wolfe

William Benhams Beschreibung der körperlichen Gestalt:
Der lunare Typ ist großgewachsen, hat einen fleischigen Körper, etwas dickere Beine und große Füße. Er ist oft ziemlich korpulent, doch ist das Gewebe nicht fest und seine Muskeln sind nicht stark. Er ist weich und wabbelig und sein Fleisch ist nicht muskulös, sondern hat eher eine schwammartige Konsistenz. Seine Gesichtsfarbe ist leichenweiß, wodurch er sichtbar blaß erscheint. Diese Hautfarbe kennzeichnet ihn als

mögliches Opfer eines schwachen Herzens, von Blutarmut oder Nierenproblemen.

Er hat einen auch an den Schläfen runden Kopf, der über den Augen wulstig ist und eine niedrige Stirn. Das Haar ist fein und hängt unordentlich herunter. Die Augenbrauen sind nicht sehr ausgeprägt, in ihrer Kontur uneben und wachsen häufig über der Nasenwurzel zusammen. Die Augen sind rund, haben etwas Starrendes, treten häufig hervor und sind wäßrig. Sie sind oft grau oder hellblau, mit einem klaren Weiß. Die Pupille scheint zu leuchten, das Licht zu brechen und schimmert in den Farben des Prismas. Die Augenlider sind dick und hängen etwas, wodurch sie angeschwollen wirken. Die Nase ist kurz und klein, die Spitze wölbt sich oft etwas nach oben und die Nasenlöcher sind manchmal sehr deutlich zu sehen. Sie verdient häufig die Bezeichnung „Knollennase".

Der Mund ist klein und spitz und sieht daher etwas zusammengezogen aus. Der lunare Typ hat lange, große, gelbe Zähne, die unregelmäßig in den vorstehenden und blutleeren Kiefern sitzen. Die Zähne sind weich und werden schon früh schlecht. Das Kinn ist schwer, hängt in schlaffen Falten herunter und ist flüchtig. Der Hals ist fleischig, schwabbelig und faltig. Er verbindet den seltsam aussehenden Kopf mit der fleischig wirkenden Brust, die wiederum in ihrer Konsistenz weich und schwammig ist. Die Stimme ist kleinlaut und häufig hoch. Die kleinen Ohren liegen eng am Kopf an. Der Unterleib ist groß und fällt nach vorne, wodurch die Person unbeholfen aussieht. Die ganz und gar nicht graziösen Beine sind dick und schwer wie „Wasserbeine". Sie haben flache, große Füße und der Gang ist schlürfend oder trottend, so als ob ein Seemann an Land spaziert geht.

Wohin sich der lunare
Typ entwickelt

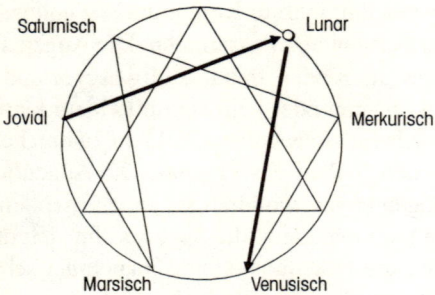

Von der kühlen Distanziertheit zum Wachstum

Da er vom jovialen Typ herkommt, hat der lunare Typ noch ein
Restinteresse an Menschen, das er allerdings nicht offen zeigt.
In dem Maße, wie die Energie des Typs in die „Trägheit der
Mutlosigkeit" versinkt und die Aktivität ihren Tiefpunkt erreicht,
versiegt dieses Interesse im lunaren Typ. Während sich der
Mensch durch die lunaren Tiefen hindurchbewegt, beginnt sich
ein schwacher Hoffnungsschimmer zu zeigen: die ersten Anzei-
chen der Venus vermögen seine Verzweiflung zu lindern.

Durch die Ausrichtung auf die Venus können lunare Menschen vielen der sie belastenden negativen Wesenszüge entgegenwirken - besonders in ihren Beziehungen zu anderen. Der
lunare Typ, der in einer kühlen Haltung gefangen ist und unnahbar wirkt, kann von der schwelenden Wärme der Venus erwärmt
werden. Die Starrheit der lunaren Menschen wird von der Leichtigkeit der Venus-Qualität moduliert. Um jedoch das Beste aus
dem Wachstum durch diese Weiterentwicklung zu machen, muß

der lunare Typ daràuf achten, die Kraft seiner Beharrlichkeit inmitten der so einladenden venusischen Trägheit nicht zu verlieren. Auch sollte er seine Konzentration nicht gegen die venusische Zerstreuung und Selbstaufgabe eintauschen. Da er bereits passiv ist und ihn nun auch noch die venusischen Trägheit befällt, könnte er von der resultierenden Unaufmerksamkeit gelähmt werden. Nur wenn er die Stärken dieser beiden Typen miteinander zu verbinden weiß und gleichzeitig bereit ist, einen Teil seiner „Besonderheit" aufzugeben, kann die Entwicklung des lunaren zum venusischen Typ wirklich evolutionär sein.

Lunar-Venusisch

Dieser Typ kann der passivste im ganzen Enneagramm sein, da er die lunare Ruhe und die venusischen Passivität in sich vereint. Der lunar-venusische Typ ist ein weicher lunarer Typ, oder man könnte ihn auch als kühlen venusischen Typ bezeichnen. Maximale Anziehung besteht natürlich zu Saturn-Mars, dem aktivsten aller Typen.

Lunar-venusische Menschen haben sehr viele Probleme mit Entscheidungen oder der Durchführung irgendwelcher entschiedener Aktionen. Sie befinden sich häufig in einer Zwickmühle aus Trägheit und Faulheit und haben unter Umständen nicht genug Kraft, um sich aus schwierigen Situationen herauszumanövrieren. Auf der anderen Seite ist der lunar-venusische Typ extrem sanft und weiblich und kann eine ruhige, zurückhaltende Wärme ausstrahlen. Er konzentriert sich auf Haus- und Familienangelegenheiten und ist für alle häuslichen Rollen bestens geeignet.

Beispiele

Aphrodite, Woodrow Wilson, Queen Elizabeth II, Helena Bonham-Carter, Jimmy Carter, Kevin MacReynolds

Der venusische Typ

Der venusische ist wie der lunare ein passiv-weiblicher Typ. Er ist jedoch positiv und empfänglich, wo der lunare negativ und unzugänglich ist. Diese vorherrschende Kombination von Wesensqualitäten schenkt den venusischen Menschen ihre besondere Note.

Venusische Menschen scheinen in der Lage zu sein, fast jeden zu akzeptieren, egal wie lahm, krank oder häßlich er sein mag. Alles Lebendige kann ihre Aufmerksamkeit erregen, und der venusische Mensch wird um so stärker reagieren, je mehr Hilfe benötigt wird. Der totale Mangel an Urteilsfähigkeit, der die Voraussetzung für diese unkritische Hilfsbereitschaft ist, ist einer der Hauptwesenszüge, die den venusischen Typ anziehend machen.

Nähe zur Natur

Für venusische Menschen sind - ähnlich wie in der Natur - alle Wesen gleich. Sie stellen eine Person nicht über die andere, sondern haben Platz für alle. Sie sind großzügig, offen und unbedarft, wodurch sie auf alle anziehend wirken. Doch manchmal sind sie auch zu offen und zu unbedarft, und dann verwandeln sich diese Eigenschaften in etwas anderes.

Um großzügig zu sein, müssen wir einen Teil unserer selbst für das Wohl eines anderen opfern. Doch wieviel können wir geben, ohne daß es an unsere eigene Substanz geht oder wir unsere Identität aufgeben? Die meisten von uns haben eine klare Vorstellung von dieser Grenze, und wir werden vorsichtig, wenn wir uns ihr nähern. Wenn wir der Meinung sind, daß etwas über unsere Grenzen geht, beginnen wir uns zu sträuben und ziehen uns zurück.

Die Persönlichkeit ist nicht klar umrissen

Venusische Menschen machen sich darüber nicht so viele Sorgen oder haben vielleicht auch kein so klares Bild ihrer selbst. Unterschiede zu machen, kommt ihnen grausam vor. So verschwimmen die Konturen ihrer Persönlichkeit, während sie Heim, Kleidung, Zeit und Aufmerksamkeit allen schenken, die darum bitten. Sie stellen ihre eigenen Interessen zugunsten des anderen hinten an. Sie lassen zu, daß sie von dem Thema, das jemand anders in das Gespräch einbringt, unterbrochen werden, und es fällt ihnen unter Umständen noch nicht einmal auf. Sie haben eine viel geringere Meinung von ihren eigenen Ansichten als alle anderen und fordern kaum etwas von ihren Freunden. Ihre Träume von Ruhm und Ehre bringen sie recht häufig an die Seite von berühmten Menschen, wobei sie nicht selbst im Rampenlicht stehen, sondern im Schatten eines anderen.

Der venusische Mensch neigt zur Selbstaufgabe

Ihre eigene Gutmütigkeit bringt sie in eine Opferrolle. Wenn ein venusischer Typ seine eigenen Wünsche und Gedanken aufgibt, gibt er unter Umständen gleichzeitig seine eigene Individualität auf. Er schreckt davor zurück, sich durchzusetzen, und versucht, sich vor Entscheidungen zu drücken. Sein Hang zur Passivität beraubt ihn eines klar definierten Charakters, den andere Typen dadurch erwerben, daß sie ihre Persönlichkeit geltend machen. Wenn er zuviel hinnimmt, nimmt ihm das Kraft und schwächt seine doch sehr beträchtliche Wärme. Die Dinge, die er sagt und tut, haben einfach zuwenig Kraft - sie bleiben nicht haften. Man könnte auch sagen, daß er sich selbst aufgegeben hat.

Venusische Menschen trifft man nicht oft allein. Sie sinken schnell in sich zusammen, wenn sie für sich sind. Wenn sie irgendwo alleine sitzen, neigt ihr sowieso schon weiches, gleichförmiges Gesicht dazu zu erschlaffen. Sie sind saft- und kraftlos, wenn niemand da ist, der ihre Lebendigkeit stimuliert, und ziehen es vor, von vielen Menschen und der Wärme all ihrer Körper umgeben zu sein. In der Zurückgezogenheit wissen sie nichts mit sich anzufangen, und bereits die einfachsten Entscheidungen versetzen sie in Angst und Schrecken. Sollen sie erst die Wäsche waschen oder einkaufen gehen?Dieser Typ sucht ständig Kontakt - nicht Zuneigung, sondern Nähe. Man findet ihn oft wie ein liebgewonnenes Haustier angeschmiegt neben sich, Schulter an Schulter, Hüfte an Hüfte. Er wird Ihnen so viele Umarmungen und Küsse, Betätschelungen und Liebkosungen aufdrängen, wie Sie vertragen können, und darüber hinaus auch noch die, die Sie nicht mehr ertragen können, um auf diese Weise zu der Energie zu kommen, die er selbst nicht aus sich heraus erzeugen kann. Venusische Menschen hängen sich stets an irgendeinen Wirt. Sie sind wie Schlingpflanzen oder leuchtende Bougainvillea, die an Ihnen hochkriechen, um die Sonne zu erhaschen, die sie brauchen. Vielleicht versuchen sie auf diese Weise auch, ihren langsamen Stoffwechsel in Gang zu bekommen, denn von allen Typen sind sie die Langsamsten.

Es kann Ihnen beim venusischen Typ immer passieren, daß er Sie um eine Massage bittet oder Ihnen eine anbietet. Diese Gewohnheit hat der saturnale Typ auch, doch ist es in seinem Fall einfach nur eine andere Möglichkeit, mit der er Ihren Zustand verbessern kann. Der venusische Typ möchte, daß Sie sich wohler fühlen, und gleichzeitig möchte er auch in den Genuß des ganzen Körperkontakts kommen, der damit verbunden ist.

Bedingungslose Akzeptanz

Einer der Gründe für ihre allgemeine Beliebtheit ist, daß man sich nicht dafür interessieren muß, was sie heute getan haben. Sie sind schon glücklich, wenn sie einfach mit Ihnen im gleichen Raum sein können. Wo finden Sie sonst jemanden, der sich darüber freut, Sie bewirten zu können, froh ist, Sie berühren zu können, der darauf erpicht ist, die Einzelheiten Ihrer Erfolge und Mißerfolge zu hören? Jemand, der Sie nicht mit seinen eigenen Geschichten langweilen wird, der Sie weder unterbrechen oder noch anderer Meinung sein wird? So sind nur venusische Menschen. Warum sollten sie nicht beliebt sein? Venusische Menschen bringen uns dazu, uns ihnen anzuvertrauen und ihnen all unsere tiefsten Geheimnisse zu berichten. Es ist überraschend, wie locker und vertraut man sich mit venusischen Menschen fühlen kann. Angesichts der Akzeptanz, die sie uns entgegenbringen, sprechen wir plötzlich gerne über die demütigendsten Ereignisse unseres Lebens. Da sie sich nicht mit uns messen wollen, unseren weiteren Interessengebieten keinen Widerwillen entgegenbringen, macht es kaum noch etwas aus, daß sie uns auch nicht verstehen müssen. Egal, wie dumm oder unfähig wir uns fühlen, egal, wie häufig wir in der Gesellschaft ins Fettnäpfchen treten: es muß nur einen venusischen Menschen in der Umgebung geben, der unsere Selbstkritik durch Wärme und Akzeptanz wieder auflöst.

Heilsame Qualitäten

Venusischen Menschen ist eine bedingungslose, ja fast indifferente Großzügigkeit zu eigen. Ihnen liegen so viele Menschen am Herzen, daß Individuen für sie nicht so wichtig sind, wie man meinen könnte. Sie hungern nach Menschen, die sie mit ihrer Fürsorge überschütten können, und ziehen die „Opfer" an, die dieses Bedürfnis befriedigen können. Seltsamerweise ist es gerade diese Indifferenz, die sie zu so guten Tröstern macht. Bei ihnen wissen wir, daß wir nicht für unsere Fehler verurteilt werden, und sind daher auch wieder in der Lage, uns selbst zu akzeptieren. Wir fühlen uns gereinigt, geheilt, haben wieder Vertrauen in uns selbst und sind schnell wieder auf den Beinen.

Mangelnde Konzentration

Je mehr man venusische Menschen studiert, um so mehr springt einem ihre fehlende Selbständigkeit und ihre fehlende Konzentration ins Auge. Sie fallen den Menschen, an die sie sich binden, zur Last. Indem sie die Ideen und Sorgen eines Freundes, Lehrers oder Partners zu ihren eigenen machen, versuchen sie durch das so reflektierte Licht zu leuchten und werden zu leuchtenden, aber kalten Satelliten. Die Energie, die sie ihrem Wirt abziehen, ist Nahrung für das Leben auf der Oberfläche ihrer Persönlichkeit, und sie können nicht ohne sein.

Man kann sich darauf verlassen, daß man, unabhängig davon, wie lange die letzte Begegnung her ist, von einem venusischen Menschen immer freundlich aufgenommen wird. Wenn Sie so einen alten Freund besuchen, wird er einzig und allein um Ihr Wohlergehen bemüht sein. Sie sollen mindestens genauso glücklich sein wie er. Er wird Ihnen treu geblieben sein wie ein alter Hund und so angenehm bequem wie ein Hausschuh.

Venusische Menschen sind sinnlich

Für venusische Menschen ist es wichtig, sich gut zu fühlen. Sie tragen gerne lockere und bequeme Kleidung, die sich angenehm anfühlt. Sie berühren gerne und lassen sich gerne berühren. Sie lassen ihre Finger über die Möbel gleiten, liebkosen das Gemüse im Spülbecken und kuscheln sich häufig mit ihren Haustieren oder Kindern zu einem gemeinsamen Nickerchen ein. Um das Gefühl des Lebendigseins zu bekommen, brauchen sie etwas

Stimulierendes für ihre Sinne. Sie können nicht kochen, ohne ihre Finger im Essen zu haben, und sie sind völlig glücklich, wenn sie bis zu den Ellenbogen in Teig stecken oder mit den Händen die Kartoffeln manschen.

Sinnlichkeit regt die erotische Ader des venusischen Typs an - nicht die Leidenschaft oder die Lust. Sie lieben die Wärme des Körpers, seine Beschaffenheit und seinen Geruch. Sie versuchen Sie weder mit Sex zu besiegen, wie einige andere Typen es tun, noch wie andere über ihre eigene Persönlichkeit hinauszuwachsen. Sexualität ermöglicht ihnen sinnliche Erfahrung und das Schaffen von Nähe. Sie haben eine natürliche, kindliche Freude daran, und ihre Sexualität enthält nichts Unangenehmes.

Der venusische Typ in der Kunst

Maler haben aus dieser Sinnlichkeit Kapital geschlagen. Venusische Menschen aalen sich in den Kunstwerken vieler Zeitalter in einem verführerischen Nebel von befriedigter Lust auf Kissen und Betten. Sie sind offen und ehrlich und schauen uns mit dem stolzen Blick schamloser Sinnlichkeit an. Ihre üppige Weiblichkeit fließt in die Gemälde berühmter Anhänger des Eros und Liebhaber ein, ob diese nun so erwartungsvoll schauen wie Danae oder den beiläufigen, abweisenden Blick einer Konkubine haben. Tizian bettet ihre Körper zum Beispiel auf Schlafzimmerkissen aus Satin. Francois Boucher läßt sie aussehen, als ob man ihnen die Knochen entfernt hätte. Er läßt nur so viel Skelett übrig, daß das feuchte, bebende Fleisch gehalten wird.

Der venusische Typ verbreitet eine feuchte, sinnliche Atmosphäre und erinnert uns an die dampfende Erde des Mittelmeergebietes, ob er nun aus Venedig oder Vancouver stammt. Die dicke, dunkle Behaarung der venusischen Männer und Frauen verstärkt diesen Eindruck noch. Ihre Sinnlichkeit, die aus ihnen kunstvolle und intuitive Liebhaber macht, ist eine natürliche Kraft und tritt ebenso regelmäßig auf wie die Gezeiten. Sie sind meist frei von den Unsicherheiten und Ängsten, die andere am Genuß der sinnlichen Freuden des Lebens hindern.

Die Welt der Sinnesreize

Venusische Menschen erleben durch ihre Sinne einfache und animalische Freuden. Sie schwelgen in den für sie mit Sex verbundenen Sinneswahrnehmungen. Nichtsdestoweniger können sie von ihrer Sinnlichkeit gefangengenommen und ihr Opfer werden, da sie allzu leicht von einem Sinnestaumel davongetragen werden. Ihre feineren Gefühle haben in so einem Fall - nämlich genau dann, wenn sie benötigt werden - nur noch wenig Spielraum, da sie von irdischeren Trieben in den Hintergrund gedrängt worden sind. Die mentale Ebene, die dies zwar ausgleichen könnte, aber noch feiner ist, ist längst außer Reichweite.

Die Macht der Passivität

Venusischen Menschen ist die Macht der Passivität zu eigen. Ihre Stärke entspringt ihrer Beständigkeit, wodurch sie stärkere, aber zyklischere Kräfte überwinden können. In der Klassik stellte man die Venus als Bezwingerin ihres Liebhabers, Mars, dar, der aufgrund der ihr eigenen Kraft auch ihr Gegenspieler ist. Mars mag heftige Gefühlsausbrüche haben, doch sind sie von kurzer Dauer. In der Kunst sehen wir den Kriegsgott nach dem edlen Kampf in den Armen der Venus liegen - am Ende seiner Kräfte. Da liegt er nun - bemitleidenswert und völlig verausgabt der Venus zu Füßen. Die strahlende Göttin betrachtet ihn manchmal mit einem Schmunzeln.

Auf eine ähnliche Weise können venusische Menschen eine beträchtliche Wirkung auf Menschen und Situationen ausüben, doch läßt sich diese Kraft schwer messen. Ihr beständiger Druck kann Sie ersticken, obwohl er gut gemeint zu sein scheint. Es ist so ähnlich wie bei einem Baum, der Ihnen auf der einen Seite seinen Schatten und seine Schönheit schenkt, auf der anderen Seite aber auch Ihr Haus zerstören kann, indem er einfach durch die Wände hindurchwächst. Die diesem Vorgang innewohnende Kraft kann einiges an Überraschung hervorrufen, wenn sie aus den tieferen Schichten der oberflächlich gesehen langsamen und sanften Persönlichkeit eines venusischen Menschen an die Oberfläche kommt. Und das Überraschendste ist, daß sich die Kraft so unausweichlich anfühlt.

Das Ungewöhnliche an passiven Machtformen

Uns ist Macht in der Regel nur als explosive, bezwingende Handlung vertraut, daher sind wir gar nicht auf die Entschlossenheit vorbereitet, die sich hinter der Passivität der Venus verbirgt. Man würde annehmen, daß ein so passiver Menschentyp von den kraftvollen Lebensströmungen der aktiveren Menschen leicht aus seiner Bahn geworfen wird. Doch stimmt das nicht immer. Venusische Menschen verfügen über Weitblick, der ihnen mehr Zeit gibt, um ihr Ziel zu erreichen.

Das langsame und natürliche Wachstum regiert viele venusische Aktivitäten. Ihre Wohnung ist oft voll mit gut gedeihenden Pflanzen, die ihren Teil zum entspannten, unordentlichen Ambiente beitragen. Es ist nicht so ungewöhnlich, einen venusischen Menschen in seinem Garten beim Besprechen seiner Gurken zu ertappen oder zu hören, wie er seiner Minze gut zuredet, ihre Medizin zu nehmen. Er zweifelt nicht im geringsten an seiner Fähigkeit, mit Kindern oder Bäumen mittels einer instinktiven Sprache kommunizieren zu können, die sonst niemand versteht.

In Städten brüten venusische Menschen über ihren Blumenkästen, in den Vorstädten sind sie im Garten, pflanzen Büsche ein oder arbeiten für einen Landschaftsgärtner. Pflanzen benötigen die regelmäßige Fürsorge, die venusische Menschen so bereitwillig schenken und ziehen wie andere Mitglieder der Familie deren Zuneigung auf sich.

Zuverlässige Hausfrauen und Hausmänner

Das Heim und der Haushalt wirken sehr anziehend auf venusi-sche Menschen. Sie haben meist eine genauso gute Hand für Kinder wie für Pflanzen. Sie mögen die engen Verbindungen, die das Familienleben mit sich bringt, und hegen und pflegen ihre Familie gerne. Eine Familie bietet ihnen sowohl ein Zuge-hörigkeitsgefühl, als auch eine ganze Reihe von Menschen, um die sie sich kümmern können. Ihren Kindern mangelt es nicht an Liebe oder Bestätigung. Sie werden eher von Zuneigung erdrückt als von Ehrgeiz getrieben. Venusische Menschen vergeben ihren Kindern alles und versuchen mit Wärme all das zu heilen, was andere versuchen würden mit Disziplin zu korrigieren.

Venusische Menschen werden nicht oft unruhig. Sie haben doch schon eine Arbeit, warum sollten sie sich also um eine an-dere bemühen? Ihre Wohnung ist zwar nicht so besonders, aber immerhin besser, als umzuziehen. Sie fühlen sich mit vertrauten Dingen sicher und brauchen die Aufregung einer unbekannten Stadt, einer neuen Karriere oder eines gefährlichen Abenteuers nicht, damit ihr Blutdruck nach oben geht. Menschen, Tiere und das gegenseitige Vertrauen in einer sozialen Gruppe sind es, die ihnen Freude bereiten. Sie sind tief in der leh-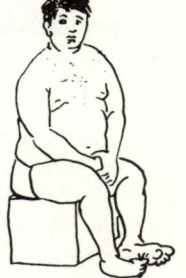migen Erde ihres Lebens verwurzelt und las-sen sich nicht leicht oder schmerzlos umpflan-zen. Mit einem Achselzucken weisen sie exo-tische, seltsame oder unbequeme Erfahrungen ab, von denen sich die schwierigeren Typen eher anregen lassen. Venusische Menschen sind völlig zufrieden, wenn sie es sich in ih-rem Lieblingssessel bequem machen können, wo sie alles in Reichweite haben.

Woran man den venusischen Typ erkennt

Der venusische Typ zahlt einen hohen Preis dafür, daß er sich so leicht zufriedenstellen läßt. Manchmal habe ich den Eindruck, daß er im Schnellverfahren „geschaffen" wurde, das heißt, daß die Ecken nicht richtig ausgearbeitet wurden und der abschließende Lack noch nicht aufgetragen ist. Ihnen fehlt noch die Scharfeinstellung. Er hat ein angenehmes, aber undeutliches Profil. Venusische Menschen sind die Menschen, an die man sich nach einer Party nicht erinnern kann oder deren Gesichter man nicht mit den Namen zusammenbringt. Sie sind die Kinder, die bei der Mannschaftswahl als letzte übrigbleiben, die sich deswegen aber in ihrer Loyalität nicht beirren lassen.

Wenn sie in einer Gruppe sind, lächeln und nicken sie und finden es nicht weiter schlimm, unterbrochen zu werden. Sie suchen nach jemandem, dem sie zustimmen können, und meiden Auseinandersetzungen. Venusische Menschen können in allen Argumenten die innewohnende Logik erkennen, haben jedoch selbst außer Unterstützung wenig zu bieten. Sie möchten gerne, daß alle gut miteinander auskommen und eine gute Zeit haben. Prinzipien, für die einige Menschen sich gerade machen würden und durch die sie die Aufmerksamkeit von Widersachern auf sich ziehen könnten, sind venusischen Menschen einfach nicht so wichtig.

Die Grenzen der Naivität

Die Naivität, die mit ihrem ganzen Wohlwollen oft verbunden ist, kann sie der Verkommenheit und der Niederträchtigkeit des Lebens gegenüber blind machen. Statt nur gutgläubig werden sie leichtgläubig und infolgedessen von jedermann auf den Arm genommen. Ihre Naivität macht aus ihnen eine leichte Beute für Betrüger und feurige Prediger. Getrieben von ihrem Wunsch nach Zugehörigkeit halten sie an ihrem Glauben fest, daß alle Menschen gut sind. Da sie nichts wissen oder wissen wollen über die dunklen Motive von Manipulatoren, lassen sie ihre eigenen Interessen mit Füßen treten und stellen hinterher fest, daß sie ausgenutzt worden sind.

Venusische Menschen übernehmen einfach die Logik einer Sache, ohne sich weiter Gedanken über Doppeldeutigkeiten zu machen, die beim Näherhinsehen sichtbar würden. Sie werden gerne Anhänger eines Meisters, Lehrers usw. Sollte der unglückliche Fall eintreten, daß man sie ausnutzt, würden sie trotzdem nicht gegen diejenigen, die sie manipuliert haben, rebellieren. Auch wenn es traurig ist, kommt es trotzdem häufiger vor, daß ein venusischer Mensch mit allen möglichen Mitteln versucht, den Verkäufer zu rehabilitieren, der ihm gerade einen enormen Geldbetrag aus der Tasche gezogen hat. Der venusische Typ glaubt, daß der Verkäufer selbst ein Opfer ist und zu sich käme, wenn man sich nur genug um ihn kümmerte. Er ist sich völlig sicher, daß all die Charakterfehler, die raffgierige oder kriminelle Personen haben, durch viel, viel Liebe und Verstehen geheilt werden können.

Sind sie zu entspannt?

Dem venusischen Typ fehlt die Straffheit einer klar definierten Persönlichkeit. Es fehlt die Spannung, die ihrer Persönlichkeit Kraft und ihren Aktionen Schwung geben könnte. Sie halten nicht zwanghaft an ihren Meinungen fest und wollen andere auch nicht zu ihren Ansichten bekehren. Sie ernst anzusehen nützt auch nichts: es würde sie nur bei ihren Bemühungen, Sie zufrieden zu stellen, verwirren. Venusische Menschen tragen ihre Meinung vor, wenn man sie darum bittet, aber es fällt ihnen auch nicht weiter schwer, eine andere, vielleicht gefälligere anzunehmen. Die Widersprüche, die viele von uns dazu bringen, uns um ein ganz eigenes Verstehen zu bemühen, haben sehr wenig Wirkung auf venusische Menschen. Sie zeichnen sich wirklich durch die beneidenswerte Fähigkeit aus, in allen Situationen entspannt und locker zu bleiben.

Dieser allgemeine Mangel an Schwung zieht sich tief durch viele Bereiche ihres Lebens: ihr Körper ist weich, ihre Gewohnheiten werden von Faulheit bestimmt und ihr Geist ist träge. Man findet venusische Menschen oft in einem etwas unordentlichen Raum zwischen Essensresten auf dem Sofa. Sie fühlen sich in der Entropie ihres kleinen Universums zu Hause und sehen auch keinen Grund, etwas daran zu ändern. Schließlich ist es ja natürlich. Wenn man den venusischen Typ auf die Kleider aufmerksam macht, die er anhat, oder die Spuren des Abendessens erwähnt, die auf dem Morgenrock zu sehen sind, ist er leicht überrascht. Es war ihm gar nicht aufgefallen.

Vielleicht ist er der einzige Typ, der mit zwei verschiedenen Socken außer Haus gehen könnte. Wenn man ihn darauf anspricht, ist er weder besonders überrascht noch bringt ihn dieser kleine Fauxpas besonders aus der Ruhe. Venusische Menschen schweben in der Regel in einer leichten Konfusion durch den Tag. Egal, wieviel Zeit sie in Kleidung investieren, es paßt einfach alles nicht besonders gut zusammen. Ein venusischer Mensch kann ein gerade neu gekauftes Hemd innerhalb von fünf Minuten bequem aussehen lassen, und wenn man ihm zehn Minuten Zeit läßt, wird es angenehm zerknittert sein.

Ihre Passivität bereitet ihnen Probleme

Ihre Faulheit, ihre Passivität und ihre verträumte Herzenswärme bereiten venusischen Menschen große Probleme. Sie rutschen innerlich leicht in einen leeren Raum hinein, der sich sowohl komatös wie auch sicher anfühlt. Druck, Streß oder Müdigkeit sind in der Regel die Auslöser dafür. Beobachten Sie sie vor dem Fernseher, im Kino oder beim Abendessen. Wenn sie meinen, nicht beobachtet zu werden, werden ihre Augen glasig, ihr Unterkiefer fällt herunter und ihre Muskeln erschlaffen.

In diesem Zustand haben sie keine Meinungen, keine Wünsche, keine Gedanken, und alle Verantwortlichkeiten sind von ihnen abgefallen. Alles, was einzigartig, ungewöhnlich und interessant ist, das heißt all die Besonderheiten, die uns erst zu Menschen machen, verschwinden. Sie können zusehen, wie sich direkt vor Ihren Augen ihre Persönlichkeit auflöst und ihre Individualität gleich mit sich nimmt. Nur der menschliche Körper bleibt. Wie auf Abruf sitzen sie in einem neutralen Zustand da, wie ein Testbild auf einem leeren, aber noch aktiven Fernsehbildschirm.

Das ist der Zustand, in dem der venusische Typ zum Opfer wird. Er verteidigt sich gegen Gewalt, Ungerechtigkeit und böse Absichten anderer, indem er sein Dasein aufgibt. Er versteckt sich hinter Nichtwissen, kümmert sich einfach um nichts mehr und hofft, daß er unverwundbar wird, wenn er sich so unsichtbar macht. Venusische Menschen suchen eine Zuflucht vor ihren eigenen Fehlern und vor den Schlechtigkeiten der Welt, indem sie für eine Weile in ihre eigene private Leere verschwinden. Auf die gleiche Art und Weise versuchen sie sich auch all der Dinge zu entledigen, die ihnen unangenehm sind.

Es ist eine schwache Verteidigung, und sie ist darüber hinaus auch noch sinnlos. Dem venusischen Typ bleibt auf diese Weise nichts mehr, womit er kämpfen könnte, nichts, was ihm zur Sammlung seiner Kräfte dienen könnte. Der natürliche Gang der Dinge ist, daß er vergißt - gewohnheitsmäßig. Wenn er wieder auftaucht, weiß er vielleicht noch nicht einmal, was geschehen ist. Man muß ihn wieder aufs laufende bringen, wie jemanden, der hin und wieder sein Gedächtnis und seinen Zeitsinn verliert.

Seine Stärke ist seine Loyalität

Die Loyalität des venusischen Typs trägt zum Zusammenhalt der Gesellschaft bei. Venusische Menschen unterstützen soziale Gruppen aller Art, von Firmen zu Bruderschaften bis hin zu örtlichen Kirchen. Verläßlichkeit macht sie stark und macht es ihnen möglich, ihre Unterstützung und ihre Fürsorge beizutragen. Venusische Menschen fühlen sich zu Heilberufen hingezogen. Sie sind vorbildliche Ärzte, Krankenschwestern und Pflegepersonal. Essen übt einen Reiz auf sie aus, und sie kochen gern kreativ. Sie arbeiten bevorzugt in einem Büro, wo sie sich nicht allzuviel bewegen müssen, geraten jedoch manchmal in rauhe und gefährliche Berufe, wenn sie versuchen, eine aktive Persönlichkeit aus sich zu machen oder den gegenteiligen Typ, Mars, zu imitieren.

Obwohl der venusische Typ uns mit seiner unklaren, undeutlichen Art aus der Fassung bringen kann, gewinnt er unser Herz durch seine Großzügigkeit, seine heilende Wärme und seine echte Freundlichkeit. Venusische Menschen haben sich viel vorgenommen, wenn sie versuchen wollen, ihr Wesen und ihre gewohnheitsmäßigen Impulse zu verändern. Doch mildern sie für den Rest von uns die Härte der Welt etwas und erleichtern uns unseren Fortschritt im Leben.

Der venusische Typ

Allgemeine Ausrichtung
Passiv-weiblich/Positiv

Psychologischer Überblick
Hauptsächliches Wesensmerkmal: Selbstaufgabe, Trägheit
Maximale Anziehung: zu Mars
Maximale Abstoßung: Keine. Es ist ihm nicht so wichtig, beziehungsweise er vermeidet einfach Probleme mit anderen Menschen

Schlüsselbegriffe
Wachstum, erdverbunden, familienorientiert, wenig Selbstachtung (Selbstaufgabe), weich, unkommunikativ

Beispiele

Willard Scott, Marilyn Monroe, Jackie Gleason, Roseanne Arnold

William Benhams Körperbeschreibung:

Venusische Menschen sind attraktiv und schön anzusehen. Sie sind graziös, wohl proportioniert, in ihrem Verhalten ausgeglichen und umgänglich. Die Schönheit ist eher feminin als maskulin. Während die solaren und jovialen Menschen eine eher männliche Schönheit besitzen, hat der venusische Mann etwas von der weichen Sinnlichkeit weiblicher Schönheit. Diese Menschen sind durchschnittlich groß und tragen von Kopf bis Fuß anmutige Kurven zur Schau. Die Haut ist weiß, feinporig und fühlt sich samtig an. Sie ist transparent und läßt ein sanftes Rosa durchscheinen - Anzeichen für eine gute Gesundheit und Blutzufuhr. Das Gesicht ist rund oder oval, schön proportioniert und hat weder hohe Backenknochen, eingefallene Wangen, hervorstehende Schläfen noch eckige Kiefer, die ihm ein kantiges Aussehen verleihen oder seine Schönheit mindern würden. Die Wangen sind gut rund, und es bilden sich oft Grübchen, wenn dieser Mensch sein Lachen zeigt. Die Stirn ist hoch, gut proportioniert, anmutig rund und hat perfekte Konturen. Die Haut auf der Stirn ist straff und weist keine Falten auf. Die jungen venusischen Menschen haben auch keine „Krähenfüße" in den Augenwinkeln. Wenn, dann kommen sie erst später im Leben, nachdem das venusische Feuer heiß gebrannt hat. Junge venusische Menschen tragen ein speziell venusisches Zeichen: drei vertikale Falten über der Nasenwurzel zwischen den Augen. Sie haben viele, lange, gewellte Haare. Von Natur aus bekommen venusische Menschen keine Glatze. Wenn sie eine haben, dann hat dies einen unnatürlichen Grund. Die Augenbrauen sind deutlich zu sehen, dick, laufen an den Enden angenehm spitz zu, bilden schöne Kurven in der Stirn und wachsen nur selten über den Augen zusammen. Die Augen sind rund oder man-

delförmig, braun oder dunkelblau und haben einen zärtlichen
Ausdruck menschlichen Mitgefühls. Wenn ihre Leidenschaft
erweckt ist, haben sie einen unverkennbar sinnlichen Ausdruck. Der venusische Typ ist schön, und diese Schönheit zeigt
sich in seinem ganzen körperlichen Ausdruck. Seine Augenlider sind zart, mit durchschimmernden, zart gezeichneten,
blauen Venen. Sie haben lange, seidene Augenwimpern, die
an ihren Enden nach oben gebogen sind. Die Nase hat eine
angenehme Form und ist groß, hat aber schöne Rundungen.
An den breiten Nasenlöchern kann man die unterschiedlichen
Stimmungen ablesen, die sie haben. So beben sie zum Beispiel häufig, wenn die Person aufgeregt ist.
Der wunderschöne, bogenförmige Mund hat volle, rote Lippen, wobei die untere dazu neigt, etwas mehr hervorzuste-
hen. Die weißen Zähne sind mittelgroß, das Zahnfleisch hat
eine angenehme Farbe und sieht gesund aus. Es ist wirklich
ein sehr anziehendes Bild, wenn ein venusischer Mensch lacht:
die Grübchen in den Wangen, die ausdrucksvollen Augen,
die weißen Zähne, die durch die roten Lippen hindurch zu
sehen sind. Das Kinn ist rund und voll, hat oft in der Mitte
unten ein Grübchen und vollendet die anmutigen Konturen
des Gesichts. Der lange, volle und wohlgeformte Hals verbindet den ebenso wohlgeformten Kopf mit den anmutig hän-
genden Schultern, die breit und gesund aussehen, auch wenn
sie nicht besonders muskulös sind. Die große, runde, volle
Brust kann sich gut ausdehnen und läßt der Lunge viel Raum.
Venusische Menschen haben eine volle, musikalische und
angenehme Stimme. Sie zeigt keine Schwäche im Ton, hat
jedoch auch nicht die marsische Stärke. Die Beine haben eine
anmutige Form, die Hüften sind hoch und rund - auch bei
Männern - und die Oberschenkel haben die richtige Propor-
tion im Verhältnis zum restlichen Körper. Die Füße sind klein,
wohlgeformt und haben einen hohen Spann, wodurch der venusische Typ einen anmutigen und elastischen Gang bekommt.

Alles in allem ist der venusische Typ ein vornehmer, anmutiger, liebenswürdiger und attraktiver Mensch. Er ist absolut passend für die Stelle im Leben, für die er gedacht war. Er bringt Licht, Freude, gute Laune und Liebe in eine Welt, die sonst sicherlich von Selbstsüchtigkeit und Monotonie beherrscht wäre. Die Hand eines venusischen Menschen ist weiß, weich, fein in der Struktur, mit einer leicht rosa Färbung. Seine Finger sind mittellang bis kurz, oben konisch gerundet, leicht kantig oder klein und spatelförmig. Die Fingernägel haben eine Haselnuß-Form und sind rosa. Der Daumen ist mittelgroß oder klein und der große Venusberg ist entweder glatt oder hat ein Gittermuster.

Wohin sich der venusische Typ entwickelt

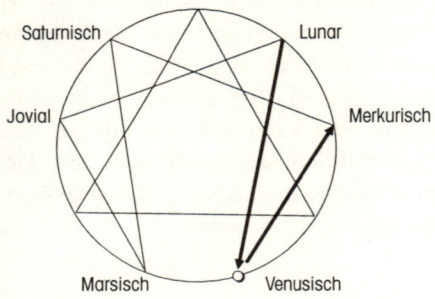

Von der warmen Ausstrahlung zur Verstandesbetontheit

Der venusische Typ trägt in sich sowohl die letzten Spuren der lunaren Weiblichkeit, aus der er kommt, als auch die aufsteigende maskuline Qualität des Merkur, der im Enneagramm vor ihm liegt. Die Sinnlichkeit des venusischen Menschen kann von beiden Seiten beeinflußt sein, wobei der Mond der Sexualität etwas Ruhiges, aber Dunkles verleiht, der Merkur etwas Aktives und Verspieltes.

In der Bewegung zum Merkur hin erkennt der venusische Typ, daß er sein mangelndes Selbstbild mit der Energie, die der merkurische Typ in seine äußere Erscheinung steckt, und der Aufmerksamkeit, die er sich selbst, seinem Selbstbild, seinem Selbstvertrauen usw. schenkt, ausgleichen kann. Dieses Interesse an sich selbst und die größere körperliche und geistige Aktivität, die mit Merkur einhergehen, können die Passivität und die Selbstabwertung heilen, die dem venusischen Typ am meisten Sorgen bereiten.

Im Verlauf dieser Weiterentwicklung ist es für venusische Typen wichtig, die Eitelkeit und die Selbsteingenommenheit zu vermeiden, die den merkurischen Typ schwächen. Sie sollten sich die von ihnen angestrebten attraktiven Persönlichkeitsmerkmale aneignen, ohne die restlichen Merkureigenschaften anzunehmen. Venusische Menschen neigen dazu, sich als Reaktion auf ihre bisherige Laissez-faire-Einstellung nun zu sehr mit sich selbst zu beschäftigen. Unter Umständen könnten sie auch in ihrer Bemühung, ihre Selbstaufgabe zu überwinden, versuchen, anderen ihre Meinung aufzuzwingen.

Venusisch-Merkurisch

Die Verbindung zwischen der venusischen Sinnlichkeit und der spielerischen Art des Merkur bringt einen Typ zum Vorschein, der auf viele Menschen anziehend wirkt. Der drahtige merkurische Körperbau bekommt durch die erdige Qualität der Venus etwas Weiches. Dieser Typ eignet sich besonders als Schauspieler und für alles, was mit Verkleidung zu tun hat. Viele von ihnen haben ein zu leichtes Spiel dabei, andere zu täuschen.

Venusisch-merkurische Menschen sind gewandte Redner, die die Fähigkeit besitzen, andere unmittelbar zu entspannen. Sie eignen sich hervorragend als Sprecher, Verkäufer und Repräsentanten. Wenn die venusischen Qualitäten überwiegen, finden sie viel Freude am Familienleben. Wenn sie mehr von den merkurischen Qualitäten haben, fühlen sie sich unter Freunden und in geselligen Runden am wohlsten.

Es gibt zwischen diesen beiden Typen eine Menge Widersprüche, aus denen sich viele innere Auseinandersetzungen für denjenigen ergeben, der diese beiden Typen in sich vereint. Die venusische Seite eines venusisch-merkurischen Menschen könnte es schrecklich finden, jemanden zu verletzen, während die merkurische Seite ausgesprochen unsensibel sein kann. Vielleicht verbringt die venusische Seite auch so viel Zeit wie möglich mit „Nichtstun", bis die merkurische hochkommt und die Person sich in Überaktivität stürzt. Die anwachsenden und wieder abnehmenden Einflüsse der beiden so unterschiedlichen Qualitäten können aus dem Leben eine ziemliche Herausforderung machen. Sie bringen viele Themen zum Vorschein, die ein ganzes Leben innerer Arbeit ausfüllen können.

Beispiele

Elizabeth Taylor, Bob Costas, Debra Winger, Eddie Murphy, Al Pacino, Elvis Presley, Dustin Hoffmann, Michael Dukakis

Der merkurische Typ

Wir verlassen nun die Venus und kommen in den Bereich der aktiven oder männlichen Körpertypen. Der erste, Merkur, ist ein negativer Typ. Ihm folgen Saturn und Mars. Der merkurische Typ verbindet die aktiven und negativen Qualitäten auf eine ganz andere Art als Mars, der andere aktive, negative Typ. Beide können ein großes Eigeninteresse besitzen und manipulieren, doch sind sie es auf ganz unterschiedliche Art und Weise. Wo Merkur Pläne schmiedet, greift Mars an. Merkur ist hinterhältig, Mars meist unverblümt und brutal. Beide können sie andere Menschen leicht beeinflussen, verwenden dabei jedoch entgegengesetzte Methoden. Ein marsischer Mensch könnte Sie drangsalieren, ein merkurischer wird Sie mit charmanten und überzeugenden Worten austricksen. Schnelligkeit und gute Wahrnehmungsfähigkeiten zeichnen Merkur aus.

Merkur liebt es, im Rampenlicht zu stehen

Es ist nicht schwer, merkurische Menschen zu finden, da sie selbst gesehen werden möchten. Sie sind unruhig, schnell und neugierig und lieben es, im Rampenlicht zu stehen. Alles am merkurischen Menschen - sein lockiges Haar, seine kleine Gestalt, seine feinen Hände und Füße und seine markanten Gesichtszüge - sind ständig in Bewegung. Er besitzt die Wendigkeit eines Athleten und die Lebhaftigkeit eines Schauspielers. All seine Rollen sind aktive Rollen - zumindest in seiner Phantasie. Tatsächlich kann die Beziehung des merkurischen Typs zu seinem Leben eine sein, die der eines Schauspielers zu seiner Rolle ähnelt, während er umhergeht und sich Sorgen über seine imaginäre Stunde auf der Bühne des Lebens macht.

Merkurische Menschen ziehen sich mit der Absicht an, eine Wirkung zu erzielen, und können in ihrer Bemühung, Aufmerksamkeit auf sich zu ziehen, auf positive Weise glänzen. Sie haben immer das Gefühl, als ob sie - und nur sie allein - im Mittelpunkt stehen. Eine Szene ihres Lebens geht direkt in die nächste über, und überall scheint es dramatisch zu sein. Während sie versuchen, alle Reaktionen in ihrer Umgebung im Auge zu behalten, bewegen sich ihre Augen ständig hin und her. Sie wirken wie ein unsicherer Redner, der Angst davor hat, sein Publikum zu verlieren. Merkurische Menschen haben die thespischen (Anm. d. Ü.: Thespis galt unter den Griechen als Begründer der Tragödie und lebte im 6. Jahrhundert v. Chr.), schwungvollen Bewegungen, die zu ihren Einstellungen passen, und eine viel tiefere Stimme, als man von so einem kleinen Körper erwartet hätte. Wenn sie aufgedreht sind, sind sie verschlagen und schlau, hecken ständig neue Pläne aus oder nehmen uns vertrauensvoll zu Seite, um uns in ihre komplizierten Projekte einzuweihen.

Da es geradezu eine Leidenschaft von ihnen ist, Berühmtheit oder zumindest Bekanntheit zu erreichen, haben sie keine Schwierigkeiten damit, aus einer Menge herauszuragen. Sie stellen ihre Fähigkeiten kurz und bündig dar, offensichtlich ohne die Befangenheit, die Sie oder ich vielleicht empfänden. Doch sie schauen genau darauf, wie Sie reagieren: bewundern Sie ihre hervorragenden Eigenschaften genausosehr, wie sie es selbst tun? Und genau an diesem Punkt verfängt sich der merkurische Typ in einem Paradox, das aus seinem Mißtrauen verbunden mit seinem Bedürfnis nach Anerkennung entsteht: er wird Ihrer Zuneigung mißtrauen, wenn Sie ihm keine Anerkennung schenken, wird Ihrem Urteil jedoch mißtrauen, wenn Sie es tun. Er weiß, daß alles nur ein Schauspiel ist. Merken Sie das nicht? Und wenn Sie es merken, ist er augenblicklich verschwunden, denn er will nicht, daß Sie ihm auf die Schliche kommen.

Immer auf der Bühne

Alle merkurischen Menschen haben ein bißchen von dem Erzähler, dem Schauspieler und dem Revolutionär in sich. Genau wie sie ist er ständig dabei, etwas zu verkaufen. Und er ist ein ausgezeichneter Verkäufer, der uns mit seinem Charme, seinem Geist und seinen funkelnden Augen überzeugt. Wir preisen an dieser Stelle nicht seine Aufrichtigkeit. Der merkurische Typ hat einen schnellen Geist, der auch sehr spitz sein kann. Er könnte seine Schöpferkraft auch einsetzen, um ein ganz wunderbarer Mime zu werden. Nur sein Bedürfnis nach Anerkennung und sein ständiger Wunsch, beliebt zu sein, nehmen seiner sonst bewundernswerten Darbietung den Glanz.

Obwohl merkurische Menschen uns mit ihrer geistreichen Art unterhalten und mit ihrem sonnigen Gemüt erheitern, fällt es ihnen genauso leicht, andere eines Verrats zu verdächtigen, oder ihre eigene Zukunft in einem dunklen und apokalyptischen Licht zu sehen. Trotz ihrer äußerlichen Ausstrahlung erkennt man an ihrem mangelnden Vertrauen und ihrem Pessimismus die dunkleren Seiten des negativen Körpertyps.

Der Wunsch, andere zu kontrollieren

Der lunare Typ ist auch negativ, aber auf eine passive Art und Weise. Er bewegt sich zum Beispiel einfach nicht vom Fleck, wenn man ihn unter Druck setzt, doch ist er entgegenkommend, wenn man ihn in Ruhe läßt. Merkurische Menschen brauchen niemanden, der sie in Bewegung setzt. Sie haben Pläne, die sie verwirklichen wollen, und kennen Methoden, um das zu bekommen, was sie wollen. Wieviel Arbeit sie jedoch willens sind, in die Erreichung ihrer Ziele zu stecken, ist von Individuum zu Individuum sehr unterschiedlich. Auf alle Fälle haben sie jedoch den Drang, die Menschen und die Ereignisse zu beherrschen, die für die Erreichung ihrer Ziele notwendig zu sein scheinen, oder auch einfach nur die Menschen, die gerade da sind, von denen der merkurische Typ meint, daß sie einfach nur darauf warten, daß man ihnen sagt, was sie zu tun haben.

Für einige Menschen dieses Typs kann der Wunsch nach Kontrolle, der hinter vielen ihrer hohen Ziele steckt, zu einem Hauptziel werden, über das sie eifrig mit einem großen, gewohnheitsmäßigen und stetigen Mißtrauen wachen.

Ein mißtrauischer Typ

Die große Wahrnehmungsfähigkeit, die sich zu ihrem Mißtrauen hinzugesellt, bringt eine paranoide Tendenz in merkurischen Menschen hervor. Sie verachten Opfer und haben große Angst davor, selbst ein Opfer zu werden oder so gesehen zu werden. Sie sind sich sicher, daß es Verschwörungen gibt, halten diesbezüglich die Augen offen und versuchen stets irgendwelche Informationen aufzustöbern, die sie vor ihrer eigenen Angst schützen könnten.

Sie nehmen die kleinsten Informationseinheiten auf, die Menschen sonst für bedeutungslos oder banal halten. Fragen, die merkurische Menschen stellen, haben manchmal einen inquisitorischen Charakter. Das, was man sagt, oder der Ton, mit dem man es sagt, oder die Art und Weise, in der man seinen Drink hält, scheint dann nicht mehr egal zu sein und könnte gegen einen verwendet werden. Ein Merkur schafft es, daß man sich wundert, ob man zu viel gesagt hat oder vielleicht nicht genug, um die eigene Existenz zu rechtfertigen.

Da noch nicht einmal der merkurische Typ selbst all seine Bedürfnisse kennt oder all die Motive, die ihn treiben, könnte er recht haben, mißtrauisch zu sein. Er ist ein Wahrnehmungstyp und hat vielleicht etwas gesehen, was uns entgangen ist. Doch nach einem Austausch dieser Qualität werden wir uns in bezug auf seine Signale auch unsicher. Können wir ihm wirklich Glauben schenken? Dieses ganze Mißtrauen führt zu einem Leben voller Tücken. Merkurische Menschen sind davon überzeugt, daß es irgendeine namenlose, unberechenbare Kraft gibt, die ihren Lebensweg mit Tretminen ausgepflastert hat und nur darauf wartet, ein paar ausgeklügelte Fallen zuschnappen zu lassen. Bei ihnen sitzt die Angst am tiefsten, die Kontrolle zu verlieren. Nichts macht sie nervöser als eine Situation, in der sie nichts zu sagen oder nur Befehle auszuführen haben. In so einer Zwangslage sind sie sich sicher, ungerecht behandelt zu werden oder unsanft zum Opfer gemacht zu werden. Als eine Art Selbstschutz verlangen sie, daß ihnen ihre Rechte und Pflichten klar dargelegt werden.

Merkurische Menschen studieren Regeln, Gesetze und Bestimmungen, in denen sie zuvor unentdeckte Hintertürchen aufspüren können. Sie können den Gedanken nicht ertragen, daß jemand beim Autokauf ein günstigeres Schnäppchen oder bei der Partnerwahl eine bessere Partie gemacht hat. Obwohl sie dem nicht glauben, was man ihnen erzählt, machen sie sich zusätzlich noch über das Sorgen, was man ihnen nicht gesagt hat, und Gedanken darüber, wieso man etwas vor ihnen verheimlicht.

Sie können sich nicht vorstellen, daß jemand anders um ihr Wohlergehen bemüht ist, sondern höchstens um ihren Ruin. Ein merkurischer Mensch glaubt im Leben prinzipiell, daß jeder nur aus Eigennutz heraus handelt. Das stellt er nie in Frage und wird seinen Vorgesetzten, einen Freund oder gar seine eigene Mutter beschuldigen, gegen ihn zu intrigieren. Nichts macht dem merkurischen Typ mehr Freude, als ein besseres Geschäft gemacht zu haben als ein anderer, und wenn man seine Motive außer acht läßt, wirkt seine kindische Freude darüber, jemanden übervorteilt zu haben, bezaubernd.

Man kann dieses überhandnehmende Mißtrauen des merkurischen Typs erleben, wenn man ihm ein Geschenk macht. Man kann fast sehen, wie sich seine Gedanken überstürzen, während er versucht herauszufinden, wieviel man dafür bezahlt hat und was man als Gegenleistung dafür verlangen wird. Vielleicht ist er sich sicher, daß er Ihre Großzügigkeit einfach deswegen verdient hat, weil er so ein wunderbarer Kerl ist. Vielleicht ist er sogar begeistert, weil er etwas umsonst bekommen hat. Die Angst, die Sie jedoch in ihm geweckt haben, bringt ihn aus der Fassung. In seiner Welt gibt es keine einfachen Handlungen, und er geht davon aus, daß andere Menschen dunkle Absichten haben.

Aus diesem Mißtrauen heraus werden merkurische Menschen umsichtig und vorsichtig. Sie haben Schwierigkeiten damit, ihren Freunden oder Ehepartnern zu vertrauen. Ihr schneller Geist kann dem der anderen mehrere Schritte voraus sein, doch werden die übriggebliebenen Ungewißheiten ihre Zuversicht immer noch beeinträchtigen. Sie sind sich der Bedeutung ihrer Wahrnehmungen nie wirklich sicher. Dem merkurischen Menschen scheinen so viele Dinge möglich, daß er sich nie völlig für eine Sache engagieren kann. Statt dessen rennt er hierhin und dahin, um auf Nummer sicher zu gehen und alle Eventualitäten abzudecken.

Der merkurische Typ ist intellektuell sehr aktiv

Wenn etwas komplex ist, verzagt der merkurische Typ nicht daran, wie Sie oder ich vielleicht. Statt sie abzulehnen, zieht er aus der Komplexität einer Sache Nutzen. Da er schnell komplizierte Argumente und Fachsprachen beherrscht, sind Unterhaltungen für ihn aufregend und sicher. Ob das Thema nun Politik oder Poesie ist, er stürmt in der Überzeugung voran, daß Sie ihm nie werden folgen können. Er verdeckt seine Spuren und wirft mit Wolken der Unklarheit um sich, um Sie davon abzuhalten, seine Geheimnisse herauszufinden. Die Komplexität der Dinge wird für ihn zu einer Droge, die er verwendet, um die Neugierigen fernzuhalten, die ihm vielleicht Böses wollen, oder die einfachen Menschen, die er verachtet.

Natürlich ist sein Mißtrauen von einem Gesichtspunkt aus gerechtfertigt: immerhin gibt es da draußen einen ganzen Haufen weiterer merkurischer Menschen, und wer weiß, welche Pläne die gerade aushecken.

Eine leicht unseriöse Ader

Es wäre absurd zu behaupten, daß merkurische Menschen kriminell sind. Kriminalität hat etwas mit Individuen zu tun, nicht mit Körpertypen. Es stimmt aber, daß es keinen anderen Typ gibt, der gewissen Arten des Verbrechens so wenig Widerstand leistet. Geringfügige Gesetzesübertretungen kommen gewohnheitsmäßig vor. Merkurische Menschen kommen mit Kugelschreibern aus dem Büro nach Hause oder mit Werkzeug aus dem Geschäft, ohne überhaupt zu erkennen, daß sie sich mit Dingen, die jemand anderem gehören, davongemacht haben. Stände am Straßenrand stellen Sachen zur Schau, die man mitnehmen kann, wenn man schlau genug ist, sich nicht erwischen zu lassen. Diese Form von Moral belohnt ihre Schnelligkeit, ihre Umsicht und vor allem ihre Schlauheit.

Man könnte sagen, daß dies ein weiteres Beispiel der verspielten Seite des Merkurs ist, in der moralische und ethische Belange nicht so viel Gewicht haben wie bei den reiferen Typen. Vielleicht zeigt sich hier die Flexibilität ihrer Moralvorstellungen. Sicherlich ist es für den merkurischen Menschen bequem, wenn nicht gar ein Luxus, solch flexible Prinzipien zu besitzen. Er muß ziemlich viel Vertrauen in sie setzen, da es kaum jemanden gibt, dessen Prinzipien so weit oder so leicht dehnbar sind, wie die des merkurischen Menschen.

Ich bewundere die Sicherheit und den Optimismus des merkurischen Typs, vielleicht weil ich mich weder so streng organisiere noch so anpreise, wie sie es tun. Sie folgen immer einem Zeitplan, egal, wie häufig der Zeitplan überarbeitet werden muß. Wenn Sie versuchen, sie festzunageln, haben Sie Gelegenheit, sie dabei zu beobachten, wie sie sich drehen und wenden, um Ihnen zu entkommen. Wenn sie sich nicht all ihre Möglichkeiten offenhalten, ihre Pläne fließend gestalten und sich nicht frei bewegen können, sind sie unglücklich.

Merkurische Menschen sind absolut vielseitig

Merkurische Menschen sind in so vielen Bereichen einsetzbar, daß es überraschend ist zu sehen, daß sie ihre eigene Wertigkeit abwerten. Normalerweise sind sie die ersten, die sich freiwillig zu einem Projekt melden und geben ihre Meinungen schnell kund. Merkurische Menschen erfreuen andere, indem sie ihre Bedürfnisse vorwegnehmen. Sie organisieren Unternehmungen, rekrutieren Teilnehmer und unterhalten alle mühelos. Man sollte meinen, daß sie auf die anderen erwiesenen Dienste stolz sind, doch drehen sich ihre Phantasien eher darum, die Drahtzieher zu sein und nicht gezogen zu werden.

Saturnale und joviale Menschen machen den merkurischen Typ nervös. Er geht davon aus, daß der saturnale Typ ihm über die Schulter schauen und sein Betätigungsfeld begrenzen will, und denkt vom jovialen Typ, daß er ihn belächelt. Beides beunruhigt ihn, doch nicht annähernd so sehr, wie ignoriert zu werden. Das ist das einzige, was er anderen nicht verzeihen kann. Es ist besser, man findet irgendeinen Kommunikationskanal zu ihm, auch wenn es unangenehm ist, denn wenn man ihn oder seine Belange mißachtet, schafft man sich einen Feind. Dann wird er Ihre Aufmerksamkeit sicherlich auf sich ziehen.

Er liebt es, andere zu unterhalten

Es gehört zum Wesen eines Merkurs, andere zu unterhalten. Merkurische Menschen stehen in Gesellschaft unter Spannung, beschäftigen sich mit den Menschen um sie herum und sind dabei offen und selbstsicher, egal, mit wem sie gerade sprechen. Sie korrigieren andere gerne, sind jedoch eigentlich nicht daran interessiert zu warten, bis die Unterhaltung richtig in Gang

114

kommt. Sie haben einfach bei so vielen Möglichkeiten, Menschen zu begegnen, für den einzelnen zu wenig Zeit. Sie lieben es, sich gut zu kleiden und sehen häufig so aus, als wären sie verkleidet. Sie verwenden diese Verkleidungen, um dramatische Auftritte und Abgänge zu inszenieren oder um ihre Pläne, ihre Absichten oder ihre Identität zu verheimlichen. Merkurische Männer tragen häufig einen gepflegten Oberlippenbart oder Bart, der nicht nur ein Teil der Show ist, sondern ihnen auch hilft, ihr beschämend jugendliches Aussehen zu kaschieren, das sie bis ins hohe Alter haben.

Die Jugendlichkeit des Merkurs zeigt sich auf vielerlei Art und Weise. Von allen Typen sieht er am jüngsten aus, und sein wahres Alter könnte Sie überraschen. Obwohl er schnell erwachsen werden will und wie ein Heranwachsender eine bissige Empfindlichkeit denen gegenüber aufweist, die ihn nicht ernst genug nehmen, wird er die Streiche, die neckische Art, die Neigung zu Zornesausbrüchen und seine kindliche Unschuld niemals wirklich los.

Merkurische Kinder sind frühreif und manipulieren andere gern. Ihr sonniges Gemüt und ihre Suche nach Anerkennung machen sie zu lebhaften und leicht zufriedenzustellenden Kindern. Ihre leuchtenden Augen und ihr schneller Geist machen uns Freude, und ihre klangvollen Stimmen sind ausgesprochen angenehm. Es macht Spaß, mit ihnen zusammen zu sein, und sie selbst genießen das Leben, wie es kommt.

Der schnellste Körpertyp

Ihre Gedanken rasen genauso schnell, wie ihre Launen wechseln. In einem Augenblick überkommt sie eine mörderische Wut, die sich nach kurzer Zeit wie Sommerwolken wieder verzieht, so daß die Sonne wieder scheint. Merkurische Menschen sind impulsiv, voreilig und schmeißen sich Hals über Kopf in Aktivitäten. Sie sind immer startbereit und sehr ungeduldig, wenn es

115

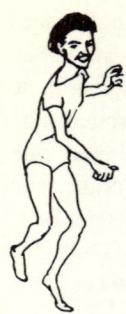

zu Verzögerungen kommt. Ihre Aufmerksamkeit wandert schnell von einer Sache zur nächsten und hält sich nie lange mit einer Sache auf. Die Unruhe des merkurischen Typs kommt von seinem überaktiven Geist und seiner ständigen Unzufriedenheit.

Diese unruhigen Impulse bringen merkurische Menschen dazu, begeistert die Leitung von Projekten zu übernehmen. Sie organisieren viel und führen Neuerungen ein. Vertrauensvoll füllen sie alle möglichen aktiven Rollen aus. Zu ihrer Aktivität gesellt sich eine wendige maskuline Energie. Merkurische Menschen sind durchaus in der Lage, auch in eine passivere Rolle zu schlüpfen und problemlos das Opfer zu spielen. Ihre Männlichkeit steht ihnen dabei solange nicht im Weg, wie ein möglicher Vorteil auf diese Weise zu erreichen ist. Sicherlich haben merkurische Menschen auch genug, über das sie zur Aufrechterhaltung dieser Rolle klagen können. Vielleicht bringt ihnen Ihr Mitleid Vorteile. Dann ist es ihnen ziemlich egal, mit welchen Mitteln sie es erwecken.

Der merkurische Typ in Shakespeares Werken

Zwei von Shakespeares interessantesten Bösewichten vermitteln noch mehr Einsichten in das Wesen des merkurischen Typs. Yago ist ein extremes Beispiel dafür. All seine Schwächen werden bis zur Verzerrung übertrieben, und seine ganzen Stärken werden nur noch für die Erreichung böser Ziele eingesetzt. In seiner Eifersucht und seiner Angst zeigt Yago den merkurischen Verstand in seiner intriganten Höchstleistung. Er kann sein inneres Feuer nur zum eigenen Vorteil oder zur Rache einsetzen. Er hat keinerlei humanitären Motive und keine Motive, die sich nicht um Yago drehen. Sein verletzter Stolz ist so übermächtig, daß er seinen Besitzer völlig eingenommen hat und fast eine eigenständige Persönlichkeit geworden ist.

Der andere große Intrigant Shakespeares ist Cassius. Sein „hageres und hungriges" Aussehen weist auf eine Seite von Merkur hin, die schon so bekannt ist, daß sie zum Klischee geworden ist. Beide Charaktere weisen nicht nur ein enges, nur auf sich selbst begrenztes Interesse auf, sondern zeigen auch die Antipathie, die zwischen Merkur und Mars, den beiden aktiven, negativen Körpertypen, besteht. Yago und Othello, Cassius und Caesar - Merkur und Mars. Alle besitzen sie ein instinktives Mißtrauen. Sie sind wie Feuerstein und Stahl, wie Öl und Wasser: sie lassen sich einfach nicht vermischen. Da sie am jeweils gegenüberliegenden Aktivitätspol angesiedelt sind, reiben sich diese beiden negativ geladenen Typen aneinander. Ihre Chemikalien haben einen explosiven Effekt, wenn sie zusammengebracht werden. In den Mythen, der Fantasy-Literatur, der Kunst und der Prosa findet man sie miteinander überall dort im Kriegszustand, wo die Schläue des Merkur der marsischen Macht entgegentritt.

Diejenigen, die heutzutage die Filmrollen verteilen, setzen diesen Antagonismus und unsere instinktive Reaktionen darauf auf sehr ähnliche Weise ein, wie die Künstler der Renaissance sie bei der Zusammenstellung der Modelle ihrer Gemälde eingesetzt haben. Die Polizisten aus unseren Filmen sind häufig marsische Typen, ehrliche Redner, die gerade heraus sagen, was sie meinen, und wenig Zeit damit verschwenden, nett zu sein. Sie erreichen mit ihrer Beharrlichkeit das, was die Intuition, der sie kein Vertrauen schenken, in einem Katzensprung erreicht.

Die Verbrecher und Schmeichler sind merkurische Menschen: kindisch, glänzend und zu spitz, um aufrichtig sein zu können. In Nahaufnahmen kann man ihre ausweichenden Blicke erkennen, durch die sie sich verraten. Wir durchschauen dann ihre Verstellung und bekommen Hinweise darauf, wer der Verbrecher ist.

Zur perfektesten Verschleierung beziehungsweise Verkleidung ist die Verbindung zwischen Venus und Merkur fähig. Zusammen ergeben diese beiden Typen ein Chamäleon, das seine eigene Identität zwanghaft versteckt. Diese Menschen sind in der Lage, sich anderen gegenüber völlig unsichtbar zu machen. Die venusische Wärme vermag jedoch auch die harten Ecken des Merkur abzumildern und den quecksilbrigen, veränderlichen Typ in der irdischen, sinnlichen Welt zu erden. Doch da die Natur in ihren Aktivitäten amoralisch ist, hat die Venus der sporadischen oder opportunen Moral des Merkur nichts Positives hinzuzufügen.

Der merkurische Typ hat oft kein leichtes Leben

Das Leben, das ich gerade beschrieben habe, kann kein leichtes sein. Der merkurische Typ wird von der Energie besiegt, die sein Körper nicht handhaben kann. Er entwickelt neurotische Ticks und unbeholfene Angewohnheiten. Da er erwartet, betrogen zu werden, macht er diese Erfahrung auch immer wieder und schottet sich als Folge emotional ab. Merkurische Menschen haben Probleme damit, ihre Emotionen offenzulegen, und glauben von sich selbst, daß sie oberflächlich sind. Mit ihren gelegentlichen Wutausbrüchen überraschen sie die gemäßigteren Typen. Ihr Rollenspiel erleichtert ihren Werdegang in der Gesellschaft, doch hält es auch unterschwellig ein gewisses Unbehagen aufrecht. Sie sind abwechselnd verwirrt und verblüfft von der Wirkung, die ihr Theaterspiel auf ihr Publikum hat.

Der merkurische Typ macht seine negativen Seiten durch seine Wahrnehmungsfähigkeit, seinen Geist und seinen Witz wett. Sein flinker Geist verschlingt Tausende von Fakten und speichert ganze Bände von Drehbüchern. Sie können Schönredner oder inspirierte Sprecher sein, einen Mordskrach schlagen oder die Symbolfiguren einer aufgebrachten Bürgerschaft sein. Wir schätzen sie für ihre intelligente, umgängliche, und freundschaftliche Art. Merkurische Menschen erheitern und unterhalten uns, wie kein anderer Typ es vermag. Sie verscheuchen unsere dunklen Wolken und entheben uns dem Trübsal. Auch wenn es nur wenige Augenblicke dauern mag, so scheinen wir doch in feinere Bereiche zu entschweben. Die elektrisierenden und intensiven Impulse, die uns ihre Aufmerksamkeit schenkt, lassen uns von der Fülle des Lebens taumelig werden.

Der merkurische Typ

Allgemeine Ausrichtung
Aktiv-männlich/Negativ

Psychologischer Überblick
Hauptsächliches Wesensmerkmal: Macht, Manipulation, Paranoia
Maximale Anziehung: zum jovialen Typ
Maximale Abstoßung: von Mars, dem anderen aktiv/negativen Typ

Schlüsselworte
„Energiebündel", lebendig, rechthaberisch, manipulativ, falsch, geheimnistuerisch, unsicher, unterhaltsam, aufgeweckt, Schönredner, zuckersüße Stimme, „hager und hungrig"

Beispiele
Richard Nixon, Pierce Brosnan, Yago, Sammy Davis jr., Fred Astaire

Williams Benhams Körperbeschreibung:
Der merkurische Typ ist von der Statur her klein, im Durchschnitt ca. 1,65 m groß, kompakt gebaut, hat eine gepflegte Erscheinung, sieht ordentlich aus und hat einen kraftvollen und gefaßten Gesichtsausdruck. Seine Gesichtsform ist oval, seine Gesichtszüge normal. Sein Ausdruck wechselt rasch, worin sich sein schneller Geist widerspiegelt. Seine Haut ist

weich, fein und transparent, leicht olivfarben, und man erkennt die Blutzirkulation unter der Haut. Die Gesichtsfarbe wechselt jedoch rasch auch zu rot oder weiß, wenn der merkurische Typ aufgeregt, verlegen ist oder Angst verspürt. Er hat eine hohe, leicht hervorstehende Stirn, kastanienfarbene oder schwarze Haare, die dazu neigen, sich an den Spitzen leicht zu locken. Dem merkurischen Typ wächst leicht ein Bart, der das Gesicht gut bedeckt und normalerweise etwas dunkler als das Haar ist, wenn er nicht sowieso schon schwarz ist. Er trägt seinen Bart gerne kurz. Die Augenbrauen sind nicht besonders dick, eher normal, laufen am Ende spitz zu und wachsen manchmal über der Nasenwurzel zusammen. Dieses Zusammenwachsen kommt jedoch nur selten vor und gehört eigentlich mehr zum saturnalen Typ. Die Augen sind dunkel oder schwarz und haben einen unruhigen und scharfsinnigen Ausdruck. Sie schauen einen direkt an, scheinbar durch einen hindurch und erzeugen manchmal den unangenehmen, aber richtigen Eindruck, daß man von jemandem eingeschätzt wird, der sich gut auskennt. Er hat eine schmale, gerade Nase, die am Ende etwas fleischiger wird. Die Lippen sind schmal, gleichmäßig und von der Farbe her oft etwas blaß oder bläulich. Das Augenweiß ist häufig etwas gelblich, da der merkurische Mensch ein nervöser und leicht reizbarer Typ ist. Wegen seiner Nervosität atmet er schnell und oft durch den Mund. Das Kinn ist lang und spitz, am Ende manchmal etwas nach oben gebogen, wodurch die ovalen Konturen seines Gesichtes ihre Vollendung erfahren. Er hat einen starken, muskulösen Hals, der den Kopf mit den wohlgeformten Schultern verbindet, die gelenkig, sehnig und anmutig aussehen. Die Brust ist im Vergleich zur restlichen Statur groß, muskulös und läßt den geräumigen Lungen ausreichend Platz. Die Stimme der merkurischen Menschen ist weder voll und laut noch schwach und leise, sondern besitzt eine mittlere Tonqualität und gute „tragende" Eigenschaften. Seine anmutigen

Gliedmaßen verleihen ihm sowohl die typisch merkurische Gelenkigkeit und Schnelligkeit als auch ein Durchhaltevermögen, das von muskulöser Kraft herrührt. Er hat weiße und kleine Zähne, die gleichmäßig im mittelrosafarbenen Gaumen sitzen. Alles in allem macht der merkurische Typ auf andere den Eindruck eines gut gewachsenen, agilen, starken, nicht immer schönen, aber wohl geformten und gut proportionierten Menschen.

Wohin der merkurische Typ sich entwickelt

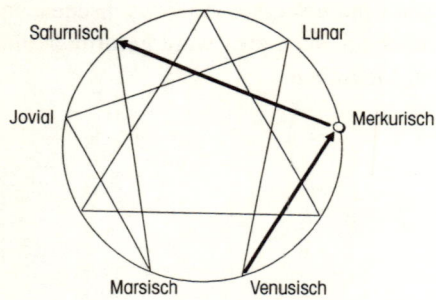

Von der Schnelligkeit zur Gelassenheit

Obwohl der merkurische Mensch ein maskuliner Typ ist, hat er noch etwas von der Weiblichkeit, die er von der Venus geerbt hat, auch wenn es sehr wenig sein mag. Die rudimentäre Weichheit und die Fettansätze, die die Venus hat, sind aber nicht mehr vorhanden. Die Männlichkeit, die hier ins Spiel kommt, entwickelt sich immer weiter, je mehr er sich dem saturnalen Typ nähert.

Die Bewegung zum Saturnalen hin formt das merkurische Temperament auf positive Weise. Merkurische Menschen können sehr viel Hilfestellung für die Überwindung ihrer doch sehr zerstreuten Geistesaktivitäten bekommen, wenn sie sich von der Weitherzigkeit und dem Überblick des saturnalen Typs ein Stück abscheiden. Der merkurische Typ könnte in der unparteiischen Fairness des Saturn auch eine Lösung für seinen Zynismus finden, die er anderen Menschen gegenüber zur Schau trägt. Darüber hinaus kann er auch seine Voreingenommenheit mit sich selbst korrigieren, wenn er auf die Fähigkeit des saturnalen Menschen schaut, den Bedürfnissen anderer Menschen gerecht zu werden.

Merkurische Menschen müssen darauf aufpassen, daß sich ihr eigenes Selbstinteresse mit den dominierenden Plänen des Saturn nicht so verbindet, daß sich unmenschliche Züge in ihnen breitmachen. Wenn sie sich auf die Menschlichkeit des einzelnen Wesens konzentrieren, werden sie am besten in der Lage sein, die Kraft dieses Wachstums auszunutzen. Und wenn sie darüber hinaus ihre unmoralischen Neigungen mit der saturnischen Beherrschung mäßigen, können sie sich wirklich zu einem höheren Typ entwickeln.

Merkurisch-Saturnal

Durch diese Verbindung von Typen kann sich eine ungeduldige Dominanz entwickelen, die kühl und berechnend ist, von einer Vision der Perfektion gefangen gehalten wird, aber trotzdem immer noch die merkurischen Unsicherheiten in sich trägt.

Der merkurisch-saturnale Mensch ist fast immer ein gut gebauter, schlanker Körpertyp. Er sieht normalerweise gut aus und besitzt klare Konturen. Da sich in ihnen ein schneller Intellekt mit Weitsicht verbindet, können sie sich zur Schriftstellerei, zum Schauspiel oder zu Führungsrollen hingezogen fühlen. Dieser Typ ist in der Regel kein häuslicher Typ, es sei denn, er neigt zur saturnalen Seite, wo die elterliche Fürsorge deutlicher empfunden wird.

Im ungünstigsten Falle verbindet sich bei dieser Kombination die Oberflächlichkeit des Merkurs mit den organisatorischen Fähigkeiten des Saturn, wodurch eine ansehnliche kriminelle Tendenz entstehen kann. Da merkurisch-saturnale Menschen leicht in Führungspositionen geraten, aber den Menschen um sich herum mißtrauen, könnten sie zwar Führungsverantwortung übernehmen oder übertragen bekommen, sich aber nicht lange in dieser Rolle wohlfühlen. Sie kommen meist am besten mit anderen merkurisch-saturnalen Menschen aus, da ihnen für langsamere und naivere Typen die Geduld fehlt. Sie fühlen sich zum jovial-lunaren Typ, ihrem Gegenstück, hingezogen, der dazu beitragen kann, sie in humaneren Werten zu erden.

Beispiele
Jeff Goldblum, Christian Laettner, Daniel Day-Lewis, Mercedes Ruehl, Frank Senso, Cher

126

Der saturnale Typ

Die saturnale Welt ist geprägt vom Maßhalten, und der saturnale Typ huldigt diesem obersten Gebot durch Beherrschung und Selbstverleugnung. In dieser Welt hat Spontaneität wenig Bedeutung, Unvorhersagbarkeit ist eine Kardinalsünde, und der richtige Weg ist der, der am sichersten zu sein scheint. Kühle, makellose Vernunft beherrscht diese logisch geordnete und exakt geplante Welt.

In den Facetten des Lebens des saturnalen Typs spiegelt sich ein umfassender, panorama-artiger Überblick wieder. Sein Wissen besteht aus einer breiten Palette von Fakten, die er zu einer wunderschönen Struktur zusammengesetzt hat. Bei Bedarf baut er neue Details in die Struktur ein, läßt das Gefüge selbst jedoch unberührt. Jeder Fakt hat Gewicht, und alle werden grundsätzlich gleichwertig behandelt. Saturnale Menschen bewundern ordentliche Ansammlungen und Strukturen, sie sind geradezu von ihnen gefesselt. Die Lebensanschauung, die durch diesen Akkumulationsprozeß entsteht, beeinflußt ihre Beziehungen zu den anderen Typen und setzt sich unabänderlich fest.

Fortschritt ist für sie sehr wichtig

Saturnale Menschen betrachten jeden Tag als eine Gelegenheit, irgendein von ihnen entworfenes Programm voranzutreiben. Stetiger Fortschritt ist für sie gleichzusetzen mit freudiger Erfahrung und vermittelt ihnen das nötige Gefühl eines sinnerfüllten Lebens. Der Wunsch nach stetigem Fortschritt veranlaßt sie, ihr Leben bis ins kleinste Detail zu organisieren. Der erste Punkt in ihrem Tagesplan könnte „Aufwachen" heißen. Warum sollte man irgendeinen Moment außer acht lassen? Ein ungeplanter Tag ist für einen saturnalen Menschen wie ein Minenfeld für einen Soldaten: ein Chaos, in dem alles mögliche passieren kann. Er fühlt sich gezwungen, auf alles gefaßt zu sein.

Hilfe kann er jedoch nur unter ganz bestimmten Umständen annehmen. Er mag es, wenn man sich erinnert, wie ausgewogen sein Denken doch ist. Sie sollen erkennen - das möchte er gerne - , daß er Informationen sowieso besser verarbeiten kann als Sie, auch wenn Sie es sind, der ihm sagt, wo die Minen zu finden sind. Er wird Ihnen gegenüber den Sachverständigen spielen und sich Ihre Ratschläge verständig und konzentriert anhören, wobei er ständig vor sich hin nickt, während Sie sprechen. Er hat Ihnen gestattet, Ihren Beitrag vorzubringen, und wird Sie später über seine Entscheidung informieren.

Eine natürliche Folge dieses methodischen Denkens ist die Aufstellung einer hierarchischen Ordnung und die Übersetzung in die Sprache menschlicher Interaktionen, was dem saturnalen Typ sehr leicht fällt. Er möchte ganz genau wissen, wo er und wo Sie stehen. Er ist an jedem bißchen Kontrolle und an jeder Befehlslinie interessiert, die sich auf ihn auswirken könnte. Titel, Zeugnisse und Qualifikationen machen es ihm leicht, andere Menschen einzuschätzen. Für ihn handelt es sich um Kompetenznachweise und Anerkennungen, denen er vertrauen kann.

Ein ernster und gesetzter Körpertyp

Saturnale Menschen bewegen sich, verhalten sich und spielen auf ernste Art und Weise. Ihre Ernsthaftigkeit verleiht ihrem Charakter Stärke und warnt die Leichtherzigen davor, sich zu nähern. Sie amüsieren sich nicht über die Dummheit anderer Menschen, sondern nehmen sie genauso verständnisvoll zur Kenntnis wie jede andere Information, die ihnen über den Weg läuft. Saturnale Menschen sind ernst, weil sie das Leben als ernste Angelegenheit betrachten. Anders kann der saturnale Typ es gar nicht sehen. Und außerdem: was wäre denn seine maßvol-

le Lebensführung und seine Disziplin ohne seine Ernsthaftigkeit? In jedem Augenblick könnte
die nächste Entscheidung oder Handlung fällig
sein. Wie soll er wissen, was richtig ist? Er wird
sich das ganz genau überlegen müssen ...

Saturnale Menschen sind größer als die meisten anderen Menschen, und als Typ überragt er
die anderen. Sie finden es vorteilhaft, so groß zu
sein, denn es ist schließlich einfacher, jemanden
zu beherrschen, der zu einem aufsehen muß. Saturnale Menschen haben etwas Vornehmes an
sich. Ihr gemäßigtes Tempo, die Aufmerksamkeit, die sie gesell-
schaftlichem Aufstieg schenken, und ihre kompromißlose Fairness sichern ihnen einen Platz in der Gesellschaft. Sie steigen in
allen möglichen Organisationen auf und leiten Firmen, Vereine
oder ganze Länder als Vorstandsmitglieder, Vorsitzende oder Präsidenten.

Ich bin mir sicher, daß irgendein saturnaler Typ im Altertum
die Kunst des Deligierens erfunden hat. Diese demokratische
Arbeitsmethode macht es Abteilungen möglich, sich hervorzu-
tun, wenn jeder genau das macht, was er tun soll - vorausge-
setzt, daß die allgemeine Strategie stimmt. Natürlich ist es normalerweise der saturnale Typ, der sagt, was getan werden soll.
Er hat die einzige Kopie des Gesamtplans und gibt Ihnen nur
den Teil, von dem er denkt, daß Sie ihn brauchen, um Ihre Arbeit
zu tun, und kein bißchen mehr.

Alles Kalkulierbare beruhigt ihn

Saturnale Menschen fühlen sich mit vorhersagbaren Dingen wohl.
Ein Freund hat mir das bestätigt, der einmal eine Zeitlang bei
mir wohnte. Er sagte mir, daß der Tag nur dann harmonisch für
ihn beginnen könne, wenn er das Frühstück gut unter Kontrolle
hat. Jeden Morgen, wenn ich kam, saß er allein am Frühstücks-

tisch und aß aus einer schlicht weißen Schüssel, die er mitgebracht hatte. Er aß so ein Müsli, bei dem - der Rechtschaffenheit wegen - der Geschmack durch Nährwert ersetzt worden war. Auch das hatte er mitgebracht. Sein Löffel lag senkrecht zu ihm auf dem Tisch, ordentlich neben der Schüssel, und war genau zu diesem Zweck poliert und eingepackt worden. Die Wichtigkeit, die er jedem seiner Utensilien beimaß, war an ihrem Platz in dem Ritual zu erkennen. Es muß sicher nicht extra erwähnt werden, daß er auch eine Art internen Wecker besaß, der ihm jeden Morgen zur gleichen Zeit signalisierte, daß es Zeit war, mit dem klösterlichen Mahl zu beginnen.

Wie der venusische Typ fühlt sich der saturnale mit dem wohl, was sicher ist. Ich habe saturnale Menschen gesehen, die in einer neuen Stadt ein Restaurant finden, das ihnen gefällt, und eine ganze Woche lang jeden Abend dort essen gehen. Warum fühlen sie sich nicht wie die meisten von uns zur Vielfalt hingezogen? Ihr Bedürfnis nach Beständigkeit ist einfach größer. Sie werden alle noch nicht ausprobierten Neuigkeiten im Menü der garantierten Gaumenfreude des Steaks von gestern abend opfern.

Aus dem gleichen Grunde sind saturnale Menschen keine wirklichen Spieler. Sie tasten sich millimeterweise mit sicheren Wetten vorwärts und würden nie aufs Ganze gehen oder sich dem hemmungslosen Rausch hingeben, der einen erfassen kann, wenn die Gewinnchancen so unwahrscheinlich werden, daß man schon an Magie glauben muß, um sein Geld zu verwetten. Sie bleiben lieber bei ihrem System, das auf die „sichere Sache" ausgerichtet ist.

Sie können sich selbst verleugnen

Dieser Typ verleugnet sich regelmäßig selbst. Saturnale Menschen erwecken manchmal den Eindruck, als ob sich die Vernunft durch sie an der Menschheit rächt. Es mangelt ihnen an Spontaneität, wodurch sie etwas phlegmatisch und grau wirken.

Sie ergreifen nicht gleich jede Gelegenheit, sondern loten sorgfältig das Für und Wider jeder Situation aus. Sie arbeiten Pläne aus, um einerseits die Fallgruben des Lebens zu vermeiden, und um andererseits seine angenehmen Seiten genießen zu können. Eine gut geplante Reiseroute kann ihre Herzen höher schlagen lassen.

Die Kraft der Tatsachen

Diese Menschen lieben die Kraft der Tatsachen. Der saturnale Typ ist sich sicher, daß er mit Fakten seine Genauigkeit, seine Entscheidungsfähigkeit und seine starke Rationalität unter Beweis stellen kann. Er wird alle möglichen Konsequenzen einer Angelegenheit genau abwägen und hoffen, auf diese Weise zu einer entscheidenden Gewißheit zu kommen. Nichtsdestoweniger kann er genauso gut in einer unentschlossenen Position verharren, wenn er das schreckliche Gefühl bekommt, vielleicht handeln zu müssen, bevor er alle Fakten kennt. Er wird also Stunden damit verbringen, über das zu brüten, was er bereits weiß, und geistig immer wieder die letzten Details aller möglichen Unwahrscheinlichkeiten durchgehen. Doch bereitet ihm das auch eine gewisse Art von saturnaler Freude.

Es verwundert nicht, daß saturnale Menschen gerne alles zählen. Sie messen, bewerten und vergleichen Dinge und kommen so zu Schlußfolgerungen, die sie weiter verwenden können. Dies trifft besonders auf alles zu, was berechenbar ist. Zahlen sind für sie erbarmungslos, unanfechtbar und frei von der von ihnen so verachteten Ungewißheit. Emotionen, Leidenschaft und unvernünftige Bedürfnisse haben in Berechnungen nichts zu suchen und werden weggelassen. Saturnale Menschen können sich ein ganzes Leben lang dafür begeistern, Dinge zu kategorisieren und alles an seinen richtigen Platz zu bringen.

Wir leben in einer saturnalen Zeit

Wir leben in einer saturnalen Zeit: wir glauben, daß so gut wie alles, was Wert besitzt, meßbar sein muß und daß alles, was wir messen können, wertvoll sein muß. Wie hoch ist ihr IQ? Wie kalt ist es? Windtemperatur? Tagestemperatur? Welchen Rang in der Weltrangliste nimmt der Tennisprofi ein? Wie hoch ist der Anteil an Aufschlägen, an Fehlern, an unbeabsichtigten Schlägen ins Aus in Prozent, der bei 21jährigen linkshändigen Spielern im Juni im Regen auf Lehmplätzen gemessen wird? Ein neues Restaurant? Zwei Sterne, vier Gabeln und drei Dollarzeichen. Wer geht dieses Jahr nach Harvard? Die Abschlußnoten und die Werte, die für Elan, Beziehungen und Ehrgeiz vergeben wurden, geben Aufschluß darüber. Ja, es ist überall.

Wenn die saturnale Energie ausufert, fühlen wir, wie plötzlich alles bisher Sichere in Frage gestellt ist. Zu viele Erfahrungen lassen sich rational nicht erklären, und all die wissenschaftlich begründeten Erklärungen haben uns auch nicht geschickter im Umgang mit dem Unberechenbaren gemacht. An einem bestimmten Punkt wird uns klar, wie beschränkt unsere eigene Logik und die mit ihr einhergehenden Methoden sind. Wir suchen nach neuen Möglichkeiten des Verstehens, verbinden sie mit unseren logischen Fähigkeiten und hoffen, daß durch diese Verschmelzung ein wirksameres Werkzeug entsteht.

Saturnale Menschen brauchen lange, um an diesen Punkt zu kommen, und manche schaffen es nie. Der Traum der völligen Vorhersagbarkeit stirbt in ihnen nie. Nachdem sie ihre Gedanken und Pläne in das enge Korsett der rigiden Strukturen von Hierarchie und Prioritäten gesperrt haben, verfangen sie sich selbst darin und finden keinen Weg mehr hinaus. Nebulöse, chaotische und zu emotionale Erfahrungen werden durch die sichere Wiederholung von Bewegungen, Zusammenkünften und feierlichen Handlungen ersetzt, die ihre Bedürfnisse viel klarer befriedigen.

Freude an Ausgewogenheit

Saturnale Menschen freuen sich über Symmetrie. Sie haben eine Vorliebe für die Art optischer Harmonie, die man zum Beispiel in den Werken des flämischen Malers Jan van Eyck sehen kann. Diese Gemälde machen auf mich immer den Eindruck, das Ergebnis eines gut ausgearbeiteten mathematischen Problems zu sein. Saturnale Menschen lieben das, da diese Art der Darstellung ein kraftvoller Ausdruck ihrer eigenen inneren Ordnung ist. Ein Problem darzulegen und seine Lösung aufzuzeigen, verstärkt die Bindung eines saturnalen Menschen an Struktur und Logik. Er meint, daß ein Verlassen dieser Prinzipien eine Gefahr bedeutet und daß Unwägbarkeiten dann auf allen Seiten lauern werden.

Der saturnale Typ ist verbunden mit Reglementierungen und Regeln, Gesetzen und Gesetzgebung und allen Vereinbarungen, die wir auf verschiedenen Ebenen der Gesellschaft treffen, um ein Zusammenleben zu ermöglichen. Aufgrund der Wichtigkeit, die er Gleichheit zumißt, und seiner wörtlichen Auslegung von Gesetzen ist der saturnale Typ häufig ein Kämpfer für die Verfolgten - einschließlich derer, die von gerade diesen Systemen im Stich gelassen wurden. Viele saturnale Menschen sind passionierte und selbstlose Arbeiter für soziale Gerechtigkeit. Dies sind die saturnalen Menschen, deren Gedanken über das Leben eher idealistisch als egoistisch eingefärbt sind.

Vergnügen hat für sie keine große Bedeutung

Ein reifer saturnaler Typ bei der Arbeit wirkt wie ein wahres Wunder. Von Sonnenaufgang bis Sonnenuntergang ist er bei der Arbeit - egal, wie trocken oder „niedrig" seine Aufgaben sein mögen, und seinen Durst löscht er dabei mit rationierten Wasserschlucken. Einem saturnalen Menschen fällt es nicht - wie Ihnen oder mir vielleicht - schwer, sich kleine Freuden zu versagen. Er unterdrückt seine Bedürfnisse bewußt, um den Weg gehen zu können, von dem sein Verstand ihm gesagt hat, daß es der beste ist, um sein Ziel schließlich zu erreichen.

Der saturnale Mensch scheint von seinen eigenen Gefühlen und Empfindungen mehr abgeschnitten zu sein als andere Menschen. Sein schwerer, ernster Gesichtsausdruck wird neutral, wenn man mit ihm spricht, als ob er überlegt, welche Reaktion er sich selbst erlauben wird. Dieser neutrale Ausdruck verrät auch, daß er letztlich frei von diesen Reaktionen ist. Saturnale Menschen müssen anders verdrahtet sein als der Rest von uns. Vielleicht besitzen sie einen Schalter, den sie umlegen können, um die schmerzlichen oder leidenschaftlichen Impulse kurzzuschließen, die sie sonst überfluteten - eine gute Möglichkeit, die sie in die Lage versetzt, ihrem Tagesplan zu folgen.

Es ist nicht überraschend, daß saturnale Menschen sich allein oder mit einem anderen saturnalen Menschen am wohlsten fühlen, der selbständige Teamarbeit beisteuern kann, das heißt jemand, der bereit ist, auf kooperativer Basis zusammenzuarbeiten. Manchmal isoliert er sich auch, weil er niemanden finden kann, der in bezug auf Objektivität und Anstand die gleichen Standards hat.

Wenn der saturnale Typ mit anderen Menschen zusammen ist, leitet er sie in der Regel an. Er kann gute Ratschläge geben, ob es nun darum geht, Autoreifen zu kaufen oder ein Baby zur Welt zu bringen. Dabei ist es egal, ob er selbst ein Auto besitzt oder eine Familie hat. Er ist vollkommen überzeugt davon, daß er besser über Ihre Belange nachdenken kann, als Sie selbst es können, und versteht nicht, warum Sie so wenig Wert auf seine Empfehlungen legen. Da er so beschützend ist und wir uns so leicht irren, mag diese Verantwortung eine Belastung sein, doch kann er sie nicht ignorieren.

Der väterliche Einfluß auf andere Menschen

Menschen blühen und gedeihen in der väterlichen Atmosphäre eines saturnalen Menschen. In einem Kreis von Freunden ist es sehr wahrscheinlich ein saturnaler Mensch, der sich selbst in der Rolle der Beraters oder des Beichtvaters wiederfindet. Während der merkurische Typ immer auf eine Gelegenheit wartet zu handeln und sich ständig auf die Bühne gerufen fühlt, wartet der saturnale Typ auf eine Gelegenheit, auf subtile, aber wichtige Unterschiede aufmerksam machen zu können und auf richtige Verhaltensweisen hinzuweisen. Er möchte gerne gebeten werden, Entscheidungen zu treffen, oder nach seiner Meinung gefragt werden. Wenn man einen saturnalen Menschen um Anleitung bittet, schlüpft er mühelos in die Rolle des Sachverständigen.

Nichts liegt der schulmeisterlichen Natur des saturnalen Menschen mehr, als als Schlichter oder Entscheider gerufen zu werden oder die eigene Weisheit und das eigene Verstehen beitragen zu dürfen. Das gibt ihm die Chance, Sie in allen Einzelheiten über Ihre eigenen Vorteile zu belehren. Er weiß immer, was Sie am besten tun und lassen sollten. Wenn Sie töricht genug sind, seinen Rat zu ignorieren, wird er den Kopf schütteln und seine Hände von der Katastrophe reinwaschen, die Sie gerade über sich selbst heraufbeschwören.

Er wird die richterliche Robe, in die er sich gehüllt hat, so oft wie möglich zur Schau tragen. Er möchte nicht in die engstirnigen Kämpfe verwickelt werden, die der eine oder andere mit seinem Nachbarn oder einem Konkurrenten austrägt. Statt dessen wartet er auf eine Gelegenheit, sein diplomatisches Geschick einzubringen. Als Vortragsredner oder Lehrer steht er stets zur Verfügung. Er möchte, daß man von seinem kritischen Urteilsvermögen Gebrauch macht. Wenn es ihm gestattet wird, ungestört zu entscheiden, wird er immer zur Verfügung stehen.

Wie zu Hause der Vater „Herr im Haus" ist, ist der saturnale

Typ die Autorität unter den Typen. Seinen Plänen jedoch ist nichts heilig. Zugunsten der Regeln einer selbsterdachten Lebensweise wird er unsere scheinbar menschlichsten Triebe opfern. Und wenn er einmal mit einem seiner hausgemachten Programme loslegt, kann jeder Bereich seines Lebens in Frage gestellt, analysiert und reglementiert werden.

Er wird sein Sexualleben zum Beispiel so programmieren wie ein Eheberater, der sein eigener Klient ist. Zweimal die Woche, mit einem Fortschrittsbericht nach der dritten Nacht. Saturnale Menschen finden nichts Ungewöhnliches an solchen Vorschriften, die andere von uns vielleicht beengen. Bei ihnen ist alles ein Programm. Sie essen eine Orange wegen des Vitamin-C-Gehalts. Wenn sie auch noch gut schmeckt, ist das ein Plus, aber gehen Sie nicht davon aus, daß es ihnen überhaupt aufgefallen ist.

Der saturnale Typ hat einen Geist wie eine Sphinx. In seiner mentalen Schau scheint er ständig auf irgendeinen fernen Horizont fixiert zu sein. Er gibt uns das Gefühl, daß seine Grübelei unser Verständnis bei weitem übersteigt. Unser Bild von dem geistig abwesenden Professor, der angesichts der Details des Lebens strauchelt, dessen Geist sich aber in abstrakte Sphären schwingt, ist ein saturnales Bild.

Einige saturnale Menschen sind völlig mit sich selbst beschäftigte, exzentrische Einzelgänger, deren Augen übergehen, wenn man die sanitären Einrichtungen erwähnt. Dichtungen und Fugen haben in ihren Träumen von Ordnung und systematischen Aktivitäten keinen Raum. Nur das Abstrakte, das Theoretische und das Geplante ist perfekt genug, um sie zufriedenzustellen. Das gewöhnliche Leben interessiert sie nicht. Auch nicht das Brennen, nicht der bittersüßen Schmerz, der sich in Freude verwandelt, nichts von der verflixten Sinnlichkeit des Lebens, die nur um ihrer selbst willen da ist, wie die Hand, die den Körper des Geliebten liebkost, nur um ihrer selbst willen existiert.

Sie trachten nicht nach den animalischen Freuden körperlicher Berührung, überessen sich nicht, suchen keinen Streit und

trinken auch nicht zu viel. Auf der anderen Seite kann man saturnale Menschen noch nicht einmal bedauern, da das Tempo und
der Charakter ihres Lebens sie offensichtlich glücklich macht.

Sie besitzen Weitblick

Saturnale Menschen fühlen sich zu Philosophie und Geschichte
hingezogen, wo die ihnen eigene Ansammlung von Fakten Tradition besitzt und sie ihren Weitblick durch Raum und Zeit schweifen lassen können. Auch wir schätzen Philosophie und Geschichte
aus genau diesem Grund, nämlich daß sie unsere eigenen Gedanken aus dem Dickicht des Lebens erheben und uns einen
Augenblick lang einen weiteren Ausblick haben lassen. Dieser
weite Blick ist saturnalen Menschen zu eigen. Sie lassen ihren
Geist endlos über weite Ebenen schweifen, um geistig Muster
auszumachen, die in die saturnalen Denk- und Handlungsprinzi-
pien passen.

Wenn ein saturnaler Mensch sein von ihm geführtes Unter-
nehmen betrachtet, wird er versuchen, die Teile der Belegschaft
und der Ressourcen ausfindig zu machen, durch die die Arbeit
des Unternehmens besser organisiert oder die Produkte effizien-
ter hergestellt werden können. Er wird das Allgemeingültige suchen, das immer vorhanden ist, die Regeln, nach denen die Energien die Abläufe der Ereignisse steuern. Darauf aufbauend wird
er eine Theorie entwickeln.

Sein Weitblick und seine historische Perspektive machen den
saturnalen Typ bescheiden und diskret. Wenn er die Dinge in die
richtige Perspektive rücken kann, kann er sich dadurch von seinen unmittelbareren Gefühlen lösen. Er wird zurückhaltend und
distanziert sich. Er beschäftigt sich mit den Kräften, die Men-
schenmassen bewegen. Diese Kräfte sind so viel mächtiger als
irgend ein einzelnes Individuum, daß wir uns manchmal fragen,
ob der saturnale Typ Menschen in seiner Umgebung als Freunde,

Kollegen und Liebhaber sieht und nicht nur als unpersönliche Einheiten.

Obwohl ein saturnaler Mensch Interesse an der Menschheit haben kann, kann er sich genauso gut von der Gesellschaft zurückziehen. Saturnale Menschen möchten andere retten und sie zur Wahrheit führen, weil das ihre Mission ist. Mit dieser Ernsthaftigkeit ausgestattet, machen sie sich allerdings auf Parties nicht allzu gut. Ihre Ernsthaftigkeit unterstreicht unsere Torheit, erfüllt uns mit einem vagen Schuldgefühl und kühlt unseren Verstand. Sie erinnern uns an die Lehrer, Priester und Eltern, deren Stimmen noch immer in uns zu hören sind. All unsere Gedanken bekommen durch sie mehr Gewicht. Vielen Menschen entlocken sie einen langen Seufzer melancholischer Nüchternheit.

Ich glaube, daß es auf der einen Seite diese durchdringende Wirkung und auf der anderen ihr begrenzter Selbstausdruck ist, der uns so häufig dazu treibt, sie auf den Arm zu nehmen. Wir ziehen sie auf, halten sie zum Narren und führen sie vor, in der Hoffnung, irgendeine Art von Reaktion zu bekommen - wenn wir überhaupt genug Selbstvertrauen haben, ihre Zurückweisung zu überwinden. Die Beständigkeit ihres Verhaltens fordert uns heraus, und wir möchten von ihnen etwas Umgänglicheres sehen als einen kühlen, klugen Blick.

Saturnale Menschen sind so ernst, daß unsere Verhaltensmöglichkeiten in ihrer Gesellschaft stark eingeschränkt sind. Man kann sich entweder auf ihr stetiges Tempo einstellen, aus Frustration heraus ein extremes und exzentrisches Verhalten zur Schau tragen, die Stimmung wechseln oder gehen. Sie finden sich häufig im gleichen Dilemma wieder. Wenn sie keine Gruppe haben, die sie führen können, keinen Kreis, den sie ausbilden, kein Projekt, das sie leiten, sind sie verloren. Bald werden sie sich in eine Ecke verziehen, von der aus sie geduldig die absonderlichen Verhaltensweisen der Menschheit beobachten können. Oder sie verlieren sich in Selbstbeobachtung. Vielleicht finden sie einen anderen saturnalen Menschen, mit dem sie diesen Augenblick teilen können, zumindest wird ein anderer Saturn sie verstehen.

Saturnale Menschen erfreuen sich an ihresgleichen

Eine Gruppe von saturnalen Menschen ist nicht unruhig und springt nicht umher. Sie ist eher wie ein Baumhain. Die gemäßigte, leise Unterhaltung wird von langen Pausen unterbrochen, die ihre Mitglieder zur Reflexion verwenden. Sie bewegen ihre Hände kaum, wenn sie sprechen, sondern streichen höchstens einen wesentlichen Punkt hier und da mit einer wohl durchdachten Geste heraus. Man könnte sie schon allein aufgrund ihrer Körpergröße von anderen unterscheiden, doch stellt ihre Größe in Verbindung mit ihren formalen Bewegungen und der Gelassenheit ihrer Gebärden sicher, daß sie auffallen. Saturnale Menschen sind einfach zu anständig, um Spaß zu machen. Sie befassen sich zu sehr mit den richtigen Worten, der besten Schule, der angemessensten Bemerkung. Sie werden ihre ganze Arbeit nicht wegen eines Impulses aufs Spiel setzen. Und nichts ist entnervender als ein saturnaler Mensch, unbeholfen und steif wie er ist, der versucht, spontan zu sein, weil ihm jemand gesagt hat, daß er ein bißchen lockerer sein soll. Man merkt instinktiv, daß er es nie schaffen wird, und ist froh, wenn er wieder zu seinem ihm angemessenen Verhalten zurückgekehrt ist, das heißt, wenn das Experiment vorbei ist.

Die saturnalen Menschen gegebene Begabung für mentale Organisation ermöglicht ihnen ein intuitives Erfassen der Strukturen, die den Dingen zugrunde liegen, und der Art und Weise, wie sie funktionieren. Ihre konstruktivsten Leistungen entspringen dieser Fähigkeit. Sie können ihre eigenen Bedürfnisse ignorieren, um ihren Plan oder einen Plan, mit dem sie übereingestimmt haben, voranzutreiben. Aufgrund seiner Prinzipien sieht sich der saturnale Typ gezwungen, jedes angefangene Projekt auch zu Ende zu führen.

Seine Begeisterung für Strukturen und Form kann dogmatisch werden. Dann läßt er sich nur noch von strikten Regeln und rigiden Verfahrensweisen zufriedenstellen. Sein Denken erstarrt in einem festen Muster, und die äußere Form eines Rituals kann mehr Bedeutung erlangen als das, wofür das Ritual gedacht war. Treffen werden abgehalten, weil sie zeitlich vorgesehen sind, ob nun Geschäfte abzuwickeln sind oder nicht.

Das Maß regiert und der goldene Mittelweg wird als Erlösungsweg betrachtet. Saturnale Menschen schreiben sich ihre Ziele auf. Sie erreichen sie durch geplante, wohl durchdachte Maßnahmen und halten ihren Fortschritt in Notizbüchern, Kalendern und Checklisten fest. Wir können vielleicht nicht verstehen, was einen saturnalen Menschen an all diesen Dingen begeistert, bis wir begreifen, daß es das Tun ist, was ihnen Spaß macht - auch wenn es darin besteht, Dinge zu veranlassen.

Sie können gräßlich dogmatisch sein

Zu starker Dogmatismus kann die Anstrengungen eines saturnalen Menschen zunichte machen. Das Verlangen, einen noch weiteren Überblick zu bekommen, frißt dann all die Zeit auf, die nötig wäre, um ein Thema in der Tiefe zu durchdringen. Die Suche nach Objektivität könnte zur Folge haben, daß er sich zu sehr auf Formeln verläßt - auf eine Anordnung von Ideen, die immer wahr sein wird.

Vielleicht fängt er an zu fordern, daß alles in seine Art zu denken hineinpassen muß, und läßt die dynamische Energie eines Widerspruchs nicht mehr zu. Die Spannung die miteinander nicht zu vereinende Ideen mit sich bringen, wird der Ordnung halber beiseite geschoben. Die symmetrische Lösung muß die richtige sein - egal, wie künstlich sie ist. Von Ordnung völlig hypnotisiert, könnte er der Versuchung unterliegen, die chaotischen Seiten seiner eigenen Natur abzuschotten - das was seine graue Erscheinung etwas aufhellen und Farbe in sein Verständnis bringen könnte.

Auf der anderen Seite bringen uns saturnale Menschen wieder ins Gleichgewicht und schenken uns viel Fürsorge. Im günstigsten Fall kommen die Bescheidenheit, die Disziplin und die Gerechtigkeit des Saturn zusammen, um uns an die edlen Züge des sterblichen Menschen zu erinnern. Aus der Weisheit des Saturns spricht eine höhere Ebene des Denkens und Handelns. Die Entwicklung unserer höchsten Potentiale ist möglich auf einer Ebene, auf der sich Ordnung, die aus dem Chaos dieser Welt erkämpft wurde, in göttliche Harmonie verwandelt.

Der saturnale Typ

Allgemeine Ausrichtung
Aktiv-männlich/Positiv

Psychologischer Überblick
Hauptmerkmale: Dominanz oder graue Erscheinung
Maximale Anziehung: zum lunaren Typ
Maximale Abstoßung: zum jovialen Typ, mit dem er sich um die „väterliche" Rolle streitet

Schlüsselbegriffe
grau, dominant, perfektionistisch, manipulativ, kompromißlos; unfähig, zu Entscheidungen zu gelangen; kritisch, fair, zögerlich

Beispiele
George Bush, James Stewart, Eleanor Roosevelt, Uncle Sam, Nolan Ryan, Sam Shephard, Vanessa Redgrave, Margret Thatcher, Abraham Lincoln, Al Gore

William Benhams Körperbeschreibung:
Der typische saturnale Mensch ist der größte der sieben Typen, und der ihm zugeordnete Finger ist der längste der Hand.

Er ist hager, dünn und blaß. Seine Haut ist gelblich, rauh, trocken und faltig und hängt entweder in schlaffen Falten herunter oder spannt sich straff über die Knochen. Sein dikkes, dunkles Haar ist oft schwarz, gerade und struppig. Er hat ein langes Gesicht, das man auch als scharf geschnitten bezeichnen kann, weil es so hager ist. Seine Wangenknochen sind hoch und hervorstehend, wobei die Haut straff über die Knochen gespannt ist. Die Wangen sind eingefallen, und die Haut ist schlaff und faltig. Die Augenbrauen sind dick und steif, wachsen über der Nasenwurzel zusammen und sind an ihren Enden nach oben gebogen. Die Augen sitzen sehr tief in den Höhlen, sind extrem dunkel und haben einen traurigen, ruhigen Ausdruck, der sich nur dann verändert, wenn Ärger, Mißtrauen oder Ungeduld durch seinen Geist blitzt. Seine Nase ist lang, gerade und dünn und läuft spitz zu. Die Nasenlöcher erweitern sich beim Atmen nicht, sondern sind unflexibel und steif. Er hat einen großen Mund und dünne, blasse Lippen. Unterkiefer und Unterlippe sind hervorstehend und fest. Wenn der saturnale Typ einen Bart trägt, ist er dunkel, steif und gerade und wächst am Kinn und an der Oberlippe dicht, an den Wangen aber eher spärlich. Das Kinn ist groß und steht hervor, der Hals ist schmal und lang, wobei die Muskelstränge und die blauen Venen unter der zusammengeschrumpften und schlaffen Haut hervorstehen. Sein Adamsapfel ist deutlich erkennbar. Er hat eine eingefallene Brust, und die Lungen scheinen beengt zu sein, als ob sie in einem kleinen, zusammengezogenen Raum arbeiten müßten. Seine Stimme, die durch die dünnen Lippen ertönt, ist rauh und unangenehm.

Die ganze Erscheinung des saturnalen Menschen wirkt schlecht ernährt, schlecht durchblutet, hager und schlaksig. Die dunklen, traurigen Augen, das steife, schwarze Haar, der enge Brustkorb, die krummen Schultern und der schlurfende Gang verstärken diesen Eindruck zusätzlich. Das ist der saturnale Typ. Wenn ihm die schwungvollen solaren oder venusischen Menschen, so gut aussehend, attraktiv, magnetisch und lebensfroh, wie sie sind, begegnen und versuchen, ihn mit ihrer Begeisterung mitzureißen, ist es kaum verwunderlich, daß er ihre Freude nicht mitempfindet und ihre Begeisterung nicht teilt, sondern seinen Kopf nur wehmütig schüttelt und daran denkt, wieviel Traurigkeit es in dieser Welt gibt.

Wohin sich der saturnale Typ entwickelt

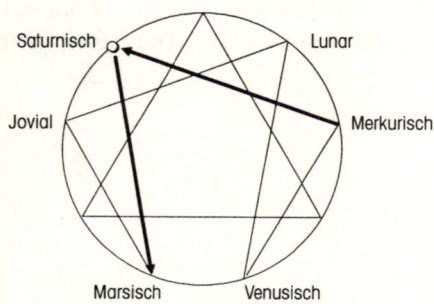

Von der Unentschlossenheit zur Aktivität

Der saturnale Typ, der vom Merkur her kommt, hat noch immer einiges von der extremen Bewegungsenergie dieses Typs behalten, doch wird sie von der Ernsthaftigkeit des Saturn in ihrer Geschwindigkeit beeinflußt. Mit der zunehmenden Entfernung vom Saturn, nimmt die rastlose Aktivität rasch ab und Entscheidungen werden schwieriger und intensiver durchdacht, da alle Möglichkeiten in Betracht gezogen werden müssen. Die Annäherung an Mars bringt wieder mehr Aktivität mit sich, wenn sie auch ganz anders ist.

In der Bewegung zum marsischen Typ hin kann der saturnale seiner Unentschlossenheit und seiner Lähmung, die durch ein Zuviel des Nachdenkens entsteht, entgegenwirken. Er entwickelt die Fähigkeit, Dinge getan zu bekommen, ohne die Menschlichkeit und klare Urteilsfähigkeit des Saturn zu verlieren. Mars verleiht den saturnalen Menschen Farbe und eine Bestimmtheit, mit der sie ihre naturgegebene „Grauheit" bekämpfen können.

Er schenkt ihnen die Leidenschaft und die Hingabe an eine Sache, was ihnen in ihrer über-kritischen Natur fehlte.

Wenn sie jedoch einfach ihre irgendwie exzentrischen Ideen mit der Intensität der Mars aufblähen, wird nichts Gutes daraus erwachsen. Wenn die Ideen des Saturns auf die Energie des Mars treffen, ist der Fortschritt in Richtung auf Selbstverwirklichung jedoch immens.

Saturnal-Marsisch

Im saturnal-marsischen Typ verbinden sich die körperliche und emotionale Aktivität des Mars mit den theoretischen Überlegungen des Saturn. Die Verbindung ergibt einen wohlüberlegten Krieger, einen leidenschaftlichen Aktivisten oder einen hingebungsvollen Revolutionär. Dieser Typ ist normalerweise groß, mit kräftigem Knochenbau und gut entwickelter Muskulatur. Gut aussehend und aggressiv, ist er der ideale Geschäftsmann. Meistsportlich aktiv, übernimmt in allen möglichen Gruppen schnell eine Führungsrolle.

Dieser Typ ist ideal für alle Situationen, in denen intelligente Aktionen gefordert sind. Der Saturn findet sein perfektes Gegenstück, wenn er die begeisterten Impulse des Mars führen kann. Da er die Verkörperung und der Prototyp der modernen kulturellen amerikanischen Wertvorstellungen ist, wissen wir ziemlich viel über ihn. Die Vorstellungen, die wir alle von aktiver Lebendigkeit, von zielorientiertem Leben, von Planung und schrittweiser Verwirklichung haben, verdanken wir zu einem gewissen Grad diesem Typ.

In ungünstigen Fällen kann der saturnal-marsische Typ gewalttätig oder bösartig werden. Er zeigt dann sowohl die dem Saturn fehlende Sorge um das Individuum, als auch die marsische Bereitschaft, Hindernisse zu überwinden. Der Saturn könnte sehr wohl dazu beitragen, daß auch einige der extremeren Ideen des Mars vernünftig aussehen. Wo auch immer er tätig ist, der saturnal-marsische Typ sticht hervor.

Beispiele

John Wayne, Prince Charles, Königin Elizabeth I, Burt Lancaster, Marilyn Quayle, Arnold Schwarzenegger, Gary Hart, Robert Redford

Der marsische Typ

Der marsische ist ein aktiver, negativer Typ. Er ist die letzte Stufe der Entwicklung der männlichen Energie durch das Enneagramm. Die Männlichkeit, die im saturnalen Typ so gleichmütig war, wird im marsischen derart intensiviert, daß sie in Aktivität explodiert, bevor sie auf dem Weg zum jovialen Typ dahinschwindet.

Mars ist gewalttätig, doch kann seine Energie sehr effektiv sein. Es handelt sich hierbei um reine, fast blinde Energie. In diesem Typ steigert sich die Macht zu ihrem Höhepunkt. Marsische Menschen brummen vor Energie. Sie überflutet den marsischen Geist und fließt von dort in alles hinein, was er tut. Ob er eine Armee in den Krieg führt oder verzweifelt mit seinen inneren Dämonen kämpft: der marsische Mensch wird trunken von der Energie seiner eigenen Handlungen.

Man erkennt den marsischen Menschen schon von weitem an dem kompakt gebauten, kraftvollen Körper und seinem lebendigen, sommersprossigen Aussehen. Mit seinem welligen Haar, seinem geröteten Gesicht und seinem entschlossenen Gesichtsausdruck geht er direkt auf Sie zu und bricht in jegliche Unterhaltung ein, die Sie vielleicht gerade geführt haben. Er schiebt seine gewaltige Brust genauso weit nach vorn wie sein Kinn, und mit gespreizten Beinen steht er fest und bereit da.

Alle Dinge, mit denen er sich beschäftigt, sind dringend und können einfach nicht warten. Wenn Sie ihn nicht bestätigen oder versuchen, Ihre Unterhaltung erst zu beenden, schwellen seine Halsmuskeln an, und Schweiß tritt auf seine Stirn, während er versucht, Sie durch seinen festen Blick zu unterwerfen. Wenn Sie dem Druck nicht nachgeben, wird er zornig und empört davonstampfen und Sie für einen Dummkopf halten.

Der marsische Typ braucht Ziele

Der marsische Typ kann einfach nicht ohne Ziele leben. Da er immer planmäßig arbeitet und Schritt für Schritt bestimmte Punkte erarbeitet, scheint es ihm die beste Herangehensweise an etwas zu sein, sich ein klar definiertes Ziel zu setzen. Meistens vertraut er den Dingen, die er sehen kann. Da er so zielorientiert vorgeht, scheinen einfache Ideen auszureichen, um ihn mit seinem Team, seiner Schule oder seinem Land zu verbinden und um ihm einen Platz zu geben, wo er die Wimpel seiner Loyalität und seines wilden Stolzes aufhängen kann. Er wird auf ein Ziel hinarbeiten, das er mit anderen teilt, wenn die Arbeit, um die man ihn bittet, zu sichtbaren, praktischen Ergebnissen führt. Und er bleibt konzentriert dabei, bis die Arbeit erledigt ist.

Marsische Menschen wissen nicht, wie sie ein zielloses Leben oder gar auch nur einen ziellosen Tag überleben sollen. Auf diejenigen von uns, die passiver oder veränderlicher sind, die einen ungeplanten Streifzug durch eine fremde Stadt genießen können, oder die die geplante Tour für ein paar magische Stunden des Verweilens in einem Strassencafé fallenlassen können - wirkt der marsische Typ besessen.

Es kann sein, daß er, wenn er nichts zu tun hat, wenn er nichts hat, woran er arbeiten kann, unfähig wird zu leben, wobei er von seinen eigenen unablässigen Trieben tyrannisiert wird. Seine Ziele und Pläne können zu einem Leben führen, das aus beständigem Fortschritt und gradlinigem, freudlosem Streben besteht. Oder aber sie schicken ihn drängend und mit Gepolter auf der Verfolgung eines Empfehlungsschreibens und einer Höchstleistung nach der anderen durchs Leben.

Der militärische Einfluß

Wildheit, Loyalität und Dynamik, die Wahrzeichen des vorbildlichen Soldaten, sind auch bei der Definition dieses Körpertyps hilfreich. Sowohl Verstand als auch der Körper eines marsischen Menschen nehmen leicht eine militärische Haltung ein, was ihre disziplinierte Einstellung erklärt. Diese Haltung, diese Art und Weise, ans Leben heranzugehen, beeinflußt ihre Art, zu denken, zu essen, zu schlafen, die Art und Weise, wie sie sich anziehen, Auto fahren, sprechen, lieben und sterben.

Sie sind so vorsichtig wie der Berufssoldat an der Front und besitzen seine Hemmungslosigkeit im Spiel. Marsische Männer trinken gerne Alkohol und können sich sinnlos betrinken. Marsische Frauen werden athletische und von Konkurrenzdenken geprägte Leistungstypen, die Pionierarbeit für neue Frauenrollen leisten, wenn sie ihrer jungenhaften Kindheit entwachsen sind.

Mit einem marsischen Menschen in Urlaub zu fahren, kann einem das Gefühl vermitteln, an einem militärischen Feldzug teilzunehmen. Er weiß ganz intuitiv, daß der Überraschungseffekt im Schlachtplan zu seinem entschiedenen Vorteil sein wird. Plötzliche Angriffe auf Museen und andere Hochburgen der Kultur enthüllen seine Strategie.

Er ist in der Lage, meterweise Gemälde als Geiseln zu nehmen, und hektarweise Skulpturen mit einem einzigen flüchtigen Blick gefangenzunehmen. Seine Geschwindigkeit läßt nie nach. Sollen auf der heutigen Reiseroute acht Orte besichtigt werden? Stellen wir die Schlachtordnung auf! Der maximale Einsatz von Transportmitteln, Vorräten und Ressourcen wird sorgfältig ausgeklügelt. Damit die Zeit effektiv genutzt wird, wird die genaue Verweildauer an jedem Zielort festgelegt. Diese kluge Art zu planen mag er sehr gerne.

Das Hotel ist sein Stützpunkt. Dort befinden sich die Landkarten und Reiseführer. Was an Logistik, Zeitplanung und Verteidigungspositionen wirklich Spaß macht, kommt als nächstes, denn marsische Menschen wissen genau, was alles an ihren Plänen schieflaufen und sie durchkreuzen kann. Der marsische Typ macht einen Schritt nach dem anderen, wobei jeder vollendete Abschnitt des Tages ein errungener Sieg ist. Es macht ihm Spaß, seine Fortschritte anhand der sichtbaren Bestätigung, daß er erreicht hat, was er erreichen wollte, zu kontrollieren.

Loyalität ist ihm sehr wichtig

Diese reglementierte Welt ist durchdrungen von latenter Macht. Marsische Menschen sind Krieger, und die Logik des Schlachtfeldes kommt irgendwie immer durch. Der marsische Typ verläßt sich auf seine Freunde, wie ein Soldat sich in seinem Schützengraben auf seine Kumpel verläßt. Er könnte jedoch von Ihnen verlangen, daß Sie ihm erst Ihre Zuneigung beweisen oder Ihre Loyalität unter Beweis stellen, bevor er sich von Ihrer Aufrichtigkeit überzeugen läßt.

Das erste, was ein marsischer Mensch über Sie wissen möchte, ist ganz einfach: sind Sie ein Freund oder ein Feind? Wenn Sie ihm sagen, daß sie weder noch sind, glaubt er, daß es sich um einen Trick handelt, daß Sie ihn täuschen wollen oder Ihre wahren Gefühle vor ihm verbergen. Er kann zugeben, daß er sich der Loyalität gewisser Leute nicht sicher ist, doch belastet das seine ethischen Vorstellungen. Er fühlt sich mit Menschen nicht wohl, die keinen Standpunkt einnehmen, und er wird nicht wissen, wie er Sie behandeln soll, bis er weiß, auf welcher Seite Sie stehen.

Darüber hinaus lieben marsische Menschen einfache und direkte Worte, die sie genauso gut verstehen können wie einfache und direkte Handlungen. Sie verlassen sich darauf, daß Menschen das meinen, was sie sagen, und sind beeindruckt, wenn man ihnen unverblümt die Wahrheit sagt, unabhängig davon, wie schmerzhaft diese Wahrheit für sie sein mag. Marsische Menschen verwenden ihre Energie auf die Krisen, mit denen ihr Leben gespickt ist und die alles ärgerlich und ermüdend sein lassen. Die Intensität, die notwendig ist, um immer wieder Brände zu löschen, hat aus ihrer Sicht den zusätzlichen, angenehmen Vorteil, daß sie eine Entschuldigung haben, ihre eigenen Interessen und Bequemlichkeiten der derzeitigen Notlage wegen unterzuordnen.

Marsische Menschen werden für ihre Vitalität bewundert

Den saturnalen Typ bewundern wir für die Ratschläge, die er uns gibt, den venusischen Typ für seine warme Ausstrahlung und den marsischen Typ für seine Vitalität. Wenn etwas getan werden muß, möchten Sie einen marsischen Menschen zur Hand haben. Er kann Paragraphenreiter auf Trab bringen, ein zum Stillstand gekommenes Projekt wieder in Gang bringen und sich durch lästige Detailarbeit hindurchkämpfen. Er wird ihren Garten harken, ihre Wohnung renovieren und ihre Bilder aufhängen - schneller, als Sie es könnten. Er weiß genau, wann man am besten tut, was getan werden muß: jetzt. Diese Menschen sind zum Handeln wie geschaffen. Sie erreichen ihre Ergebnisse nicht so sehr dadurch, daß sie viel tun können, sondern daß sie niemals aufhören, bis die Arbeit getan ist.

Vor Intensität brummend setzt der marsische Typ all seine impulsive Kraft dabei ein, durch Aktivitäten hindurchzupreschen, und wenn er richtig aufdreht, wird er wild. Wenn ihn etwas wirklich berührt, wird er schnell emotional und erreicht bald darauf einen Erregungshöhepunkt. Egal, ob er gerade in seiner Lieblingskneipe feiert oder sich über irgendeinen Politiker ausläßt: er kommt gleich zur Sache und bleibt dabei, bis sich seine Energie erschöpft hat.

Verliebtheit kann sich bei einem marsischen Menschen von einem Augenblick zum nächsten in Besessenheit verwandeln. Dann schmeißt er sich in eine Liebesaffäre, wird der leidenschaftliche Liebhaber und könnte spontan in heißer Verfolgung des neusten Objekts seiner Begierden um die halbe Welt fliegen. Von der möglichen Eroberung wird ihm ganz schwindelig. Sein Gesichtsfeld verengt sich, und nichts kann ihn mehr von der Jagd abhalten. Er hört in solchen Sachen nie auf seinen Verstand und könnte durchaus von nichts mehr zu stoppen sein.

Der marsische Typ fühlt sich zu Extremen hingezogen

Marsische Menschen leben die extremen Seiten des Lebens und fühlen sich zu seinen rauhen Seiten hingezogen, wo alles aufregender zu sein scheint. Sie können sich zwar im Büro zuvorkommend und gut benehmen, aber in Zeiten, in denen es nicht das geringste Anzeichen von einer Gefahr oder Kontroverse gibt, fühlen sie sich nur halb lebendig. Ihre Rastlosigkeit ist ein Dauerzustand, der auch dann nicht nachläßt, wenn sie den Rasen mähen oder eine Skulptur aus Stein meißeln. Ihre Handlungen sind kraftvoll und ihre Glut brennt sich durch alle Hindernisse hindurch.

Marsische Menschen haben nichts dagegen, in die Enge getrieben zu werden. So eine Situation rechtfertigt nur die unbarmherzige Härte, die notwendig ist, um ihr wieder zu entkommen. Und obwohl sie ihre Pläne normalerweise nicht verheimlichen, sollte man nicht davon ausgehen, daß sie immer ehrlich sind oder daß sie nicht gelegentlich zu einem strategischen Täuschungsmanöver fähig wären. Ihre Stärke beruht auf der unausgesprochenen Verpflichtung, die sie sich selbst gegenüber eingegangen sind: alles zu überwinden, was sich ihnen entgegenstellt. Sie gibt ihnen einen Grund, all ihre Ressourcen zu nutzen und nichts zurückzuhalten. Und das ist wiederum eine wirklich große Herausforderung für sie: „Kann ich dieses Hindernis überwinden und mich selbst als würdig erweisen?" Vielleicht ist es diese ständig empfundene Notwendigkeit, ihren eigenen Selbstwert dadurch zu beweisen, daß sie Widrigkeiten die Stirn bieten und sich selbst verleugnen, die den unglaublichen „Motor" der marsischen Menschen antreibt.

Unruhestifter und Revolutionäre

Marsische Menschen findet man in den vordersten Reihen von Protestmärschen, Hungerstreiks und politischen Aufständen. Sie ärgern sich über Verhandlungen und probieren ihre Macht lieber von Angesicht zu Angesicht an ihren Gegnern aus. Sie sind die aufgebrachten Unruhestifter und die Revolutionäre, die sich einer Sache gegenüber verpflichtet fühlen und die Bevölkerung aufwiegeln. Sie scheinen regelrecht dazu verdammt zu sein, immer jemandem die Stirn bieten zu müssen, und ihre rebellische Natur bringt sie letztlich immer wieder in Schwierigkeiten. Auch nachdem der Kampf ausgefochten und gewonnen ist, sehen sie keinen Grund, ihre extreme Rhetorik oder ihre rebellische Aggressivität zu mäßigen. Und so finden sie sich bald wieder im Abseits, auf kaum merkliche Weise durch umgänglichere Typen ersetzt.

Langzeit-Vereinbarungen machen marsische Menschen ungeduldig. Sie wollen bei ihren Prinzipien nicht die kleinsten Abstriche machen und glauben, daß sozialer Wandel ihre Bedürfnisse stillen wird. Auf jemanden, der weniger wahrheitsliebend ist, wirken marsischen Menschen etwas naiv und nicht darauf vorbereitet, mit Menschen umzugehen, die wissen, wie man seine Absichten verbirgt.

Marsische Menschen sind in der Regel unruhig und in Bewegung. Es ist nicht einfach, einen marsischen Menschen zu finden, der sich gerade ausruht, da er in der Regel Sport treibt, wenn er nicht gerade mit Arbeit beschäftigt ist. Man kann ihn morgens beim Joggen beobachten, sieht ihn im Büro hin- und herlaufen und in der Oper unruhig im Stuhl hin- und herrutschen. Er scheint immer in Bewegung zu sein, saust entweder durch die Stadt oder ist mit einem Treck in Tibet unterwegs. Er fühlt sich außer Haus wohl, wo er sich seinem Pioniergeist und seinem Drang nach Bewegungsfreiheit ungestört hingeben kann.

Ein sehr unabhängiger Typ

Eine Quelle des marsischen Stolzes ist seine Selbständigkeit. Er ist der Meinung, daß er der beste Bewerber für die meisten Projekte ist, und glaubt nicht, daß jemand anderes auch nur annähernd so gute Arbeit wie er leisten kann. Er würde sein Haus am liebsten selbst bauen, um niemanden in der Nähe zu haben, der sein Tempo drosselt. Wenn Sie ihm Hilfe anbieten, wird er wahrscheinlich ablehnen, da er Sie als Hindernis betrachtet. Er möchte allein gelassen werden, damit er in seiner eigenen rasanten Geschwindigkeit arbeiten kann.

Er besteht auf seiner Unabhängigkeit und schätzt andere Menschen, die genauso selbständig sind wie er. Menschen, die sich mit vielen Freunden umgeben oder die viele Bekanntschaften machen, mit denen sie stundenlang reden können, hält der marsische Typ für schwach. Er ärgert sich jedoch über sich selbst, wenn er mit seiner Unverblümtheit oder seinem „Kneipenhumor" andere verscheucht.

Marsischen Menschen regen sich über „Small talk" auf. Geplänkel langweilt sie, es sei denn, es ist etwas Spitzes dran, oder es bahnt sich ein Streitgespräch an. Er findet gerne Fehler in Ihrer Argumentation und hofft, daß Sie seinen Angriff als Gelegenheit zu einer lauten Streiterei auffassen. Dann kommt er wirklich auf Touren. Er wird sich auf Sie stürzen wie ein Pilot, dessen Flugzeug heulend bei einem Bombenabwurf heruntergesaust kommt. Er findet die Schwäche in Ihrer Verteidigung und läßt seine Ladung über Ihnen fallen. Er wird nur selten eine Gelegenheit ungenutzt vorüberziehen lassen anzugreifen und erwartet, daß Sie sich wehren. Wenn Sie ihn jedoch als erstes angreifen, nimmt er Ihre Kritik übermäßig ernst und ist beleidigt, weil er überzeugt ist, daß Sie ihn ungerecht behandelt haben.

Woran man marsische Menschen erkennt

Wenn Sie nach marsischen Menschen Ausschau halten, achten Sie auf frontale Angriffe, auf provokative Bemerkungen und auf offenen Widerstand. Dahinter verbirgt sich ein marsischer Mensch, dem es nach Auseinandersetzung dürstet. Er nimmt kein Blatt vor den Mund und versucht, andere zu schockieren. Er wird einen starren moralischen Standpunkt einnehmen oder absichtlich einen ungehobelten Ton wählen, um Ihre Aufmerksamkeit oder Ihren Ärger zu erregen. Welches von den beiden ist ihm egal. Es macht ihm Spaß, Ihnen zu widersprechen, unabhängig davon, was Sie gesagt haben und hämmert darauf herum, einfach nur, um Ihre Kraft zu testen.

Mit einem gereizten marsischen Menschen kann man nicht verhandeln. Wenn Sie ihm sagen, daß er sich unvernünftig verhält, daß man die Dinge auch anders sehen kann und daß das Leben voller Widersprüche steckt, hält er Sie für schwach. Für ihn geht es ums Prinzip, und er wird nicht von seinem Standpunkt abrücken. Er fordert auch von anderen, daß sie einen Standpunkt einnehmen, und stachelt sie solange mit seiner brutalen Logik und seinen Andeutungen über Schwäche an, bis sie entweder aufstehen und kämpfen oder weggehen.

Seltsamerweise möchte er Sie nicht zu seiner Meinung bekehren, weil er dann immer Ihrer Verbindlichkeit mißtrauen würde. Marsische Menschen möchten Loyalität von uns, oder sie wollen uns gar nicht: Amerika, lieb es oder verlaß es! Mein Land, richtig oder falsch! Obwohl er vielleicht der Meinung ist, daß Ihre Ideen falsch sind, gibt es für ihn kaum etwas Verachtenswürdigeres, als wenn Sie Ihre Ideen im Stich lassen.

Der marsische Typ schwingt seinen Spaten mit der gleichen Vehemenz gegen das eindringende Unkraut in seinem Garten, wie er in anderen Zeiten sein schreckliches Schwert gegen seine Feinde zu schwingen pflegte. Er kennt nur eine Art und Weise, Dinge zu tun: mit Vehemenz. Kompromisse sind für ihn Sünde und Diplomatie die Gewohnheit, sich selbst zu belügen. Feinheiten, die ihn frustrieren, mag er nicht. Er ist für kurze und bündige Erklärungen dankbar.

Ein Beispiel des marsischen Typs

Ich lebte früher einmal mit einer marsischen Frau zusammen, die mir immer den Eindruck vermittelte, daß Sie einen großen, wichtigen Auftrag zu erledigen hatte, egal wie klein ihre Besorgung letzlich in Wirklichkeit war. Ihre gestiefelten Schritte hallten mit einem bestimmten und entschlossenen Rythmus durchs Haus, auch wenn sie nur die Post holte. Ich wußte immer, in welchem Zimmer sie sich aufhielt und in welche Richtung sie ging, und hatte nie Angst davor, einmal nicht zu wissen, wann sie nach Hause kam oder das Haus verließ. Diese Frau machte den Abwasch mit dem gleichen Kräfteeinsatz - die Töpfe klapperten und die Türen knallten -, mit dem sie auch durchs Haus lief.

Marsische Menschen eigenen sich nicht für verstohlene oder verdeckte Manipulationen. Sie würden Ihnen immer lieber sagen, was sie denken, und mit den Konsequenzen leben. Sie hegen ein scheinbar grundsätzliches Mißtrauen merkurischen Menschen gegenüber. Wenn sie sich in einem Raum mit einem befinden, kann jeder Muskel in ihrem Körper irritiert reagieren.

Marsische und venusische Menschen

Der venusische Typ ist der ideale Partner für den marsischen Menschen. In der satten venusischen Passivität findet seine ganze wilde Kraft genügend Raum, sich zu entfalten - egal, wie stürmisch sie werden mag. Und der venusische Typ wird von seiner

Energie begeistert und belebt. Die Venus aktiviert die intimeren Gefühle des Mars, indem sie seine grobe Sinnlichkeit und seine Beschützerinstinkte anspricht.

Solange der marsische Typ kein Mißfallen an der Apathie und der Passivität des venusischen findet, entstehen durch diese Verbindung sehr leidenschaftliche Beziehungen, Ehen und Liebesaffären. Marsische Menschen können mit ihren Kindern sehr zärtlich umgehen, doch sind strikte Disziplin und hohe Erwartungen auch Bestandteil ihrer Erziehung.

Sexuelle Energie

Der marsische Typ besitzt genauso viel sexuelle wie körperliche Energie. Man kann die Glut förmlich spüren. Sex ist eines der Dauerprogramme, mit denen marsische Menschen ihre Spannungen lösen. Sie spüren instinktiv, daß sexuelle Frustration sie zum Platzen bringen könnte. Mehr als alle anderen Menschen braucht der marsische Typ sexuelle Entladung, und wenn er keine Gelegenheit dazu hat, kann er in eine unangenehme, ängstliche Depression versinken. In Verbindung mit ihrer körperlichen Kraft und ihrer explosiven Natur bringt die Sexualität des marsischen Typs einen Menschen hervor, der mehr zu Gewalt neigt als alle anderen Typen. Er hat einfach zu viel Energie für die Forderungen, die das Leben an ihn stellt.

Obwohl es sich dabei um die gleiche Energie handelt, die auch ihren Ehrgeiz und ihren Antrieb nährt, leidet ihr Körper darunter. Man kann marsische Menschen dabei beobachten, wie sie mit den Zähnen knirschen, die Halsmuskeln hervortreten lassen und ihren Rücken anspannen. Wenn man versucht, ihnen eine Massage zu geben, fühlt sich ihr Körper eher wie Holz oder Stahl an, nicht aber wie Fleisch und Blut.

Sie lieben die Gefahr

Da so viel Spannung und Energie durch ihren Körper fließt, ist es nicht überraschend, daß marsische Menschen zu Übertreibungen neigen. In seiner Herangehensweise an das Leben ist der marsische Typ wie ein praktizierender Karatekämpfer (Karate ist eine sogenannte „martial Art"). Es ist atemberaubend zu beobachten, wie er immer wieder ausholt, um einen noch höheren Stapel von Backsteinen zu zerschlagen. Für diese Menschen ist Gefahr eine Droge. Sie nähren ihre Sucht, indem sie zu schnell fahren, sich weit aus den Fenstern der oberen Stockwerke hinauslehnen oder Fallschirmspringen lernen, was ihnen zusätzlich noch den Nervenkitzel liefert, sich aus einem Flugzeug stürzen zu können.

Man kann marsische Menschen im Yosemite Valley in Kalifonien beobachten, wo sie einige Hundert Meter hoch an einer Granitwand hängen. Sie sind es, die mit Hundeschlitten durch die arktische Wildnis fahren. Sie sind die Enthusiasten und Forscher, die eine Barriere nach der anderen überwinden. Die Konzentration, die für solche Heldentaten notwendig ist, verwandelt sie in unwiderstehliche Kraftpakete, die mich an die frühen christlichen Kreuzritter erinnern, die Tausende von Meilen durch feindliches Land reisten und ihren Blick dabei nur auf Jerusalem gerichtet hatten.

Marsische Menschen sind da draußen und stellen Rekorde auf, während Sie und ich im Büro sitzen. Sie sind die Pioniere, die neue Gebiete erobern, wofür sie auch die entsprechenden Opfer bringen. Sie werfen Bequemlichkeit wie Ketten von sich, die sie bislang gefesselt haben: jetzt können sie endlich etwas tun. Wenn sie bei Spielen oder im Sport verletzt werden, verstellen sie sich, fest entschlossen, sich nicht kindisch zu benehmen. Sie sind sicher, daß sie ihrem Körper immer noch ein Stück mehr abfordern können, mißachten die Empfehlungen ihres Arztes und glauben, daß Medikamente etwas für schwache Menschen sind. Wenn sie sich dann einmal überfordert haben, muß ihr Körper den Preis dafür zahlen.

Beobachten Sie auf einer Cocktail-Party den marsischen Typen, wie er sich auf der Terrasse - scheinbar wie alle anderen auch - auf das Geländer aufstützt. Der marsische Typ muß sich jedoch fast zwanghaft ein kleines bißchen weiter hinauslehnen, um den Kitzel der Angst zu spüren. Er ist berauscht von dem in ihm brodelnden, schwindelerregenden Gefühl. Während die eine Stimme in seinem Kopf ihm sagt, daß er aufhören soll, drängt ihn eine andere dazu zu springen. Das Adrenalin, das durch dieses innere Tauziehen entsteht, ruft eines der bevorzugten Gefühle des marsischen Menschen hervor. Er hat dadurch etwas, gegen das er kämpfen kann, wenn das Leben langweilig zu werden droht.

Er sucht diesen Kampf. Er schärft an ihm seine Entschlossenheit. Schwierigkeiten sind seine Gewähr dafür, nicht zu verweichlichen. Wenn er sich in bezug auf eine Lösung für ein Problem im Rahmen seiner Arbeit unsicher fühlt oder nicht weiß, welchen Kurs sein Team einschlagen sollte, geht er gegen seine Angst vor, zerschlägt seine Zweifel und stürmt voran. Er glaubt, daß man, um in dieser Welt Erfolg zu haben, durch die eigene Kraft und durch eiserne Selbstdisziplin regieren muß.

In der Geschäftswelt

Marsische Menschen können mit Höflichkeitsformeln und Routineangelegenheiten ungeduldig werden, doch erkennen sie schnell die Reize des modernen Geschäftslebens. Dort finden sie eine strikte Hierarchie vor, in der es beruhigende und konkrete Auszeichnungen und Belohnungen gibt. Wenn sie den Weg zur Macht ausfindig gemacht haben und sich genug sputen, so meinen sie, haben sie eine objektive Maßeinheit für ihren Erfolg gefunden: Mark und Pfennig. Marsische Menschen machen sich gut in solchen verkäuferischen Tätigkeiten, wo das Jagdfieber die ganze Kraft ihres Wettbewerbstriebes entfesseln kann.

Mars in der Kunst

Natürlich sind nicht alle marsischen Menschen Söldner und Berufsboxer. Viele von ihnen drücken ihre beträchliche Begeisterung in weniger blutigen Künsten aus. Die Gemälde von Vincent van Gogh beispielsweise bringen uns diesen Typ näher, während sie uns mit ihrer unkonventionellen und einfühlsamen Lebendigkeit verblüffen. Formen rollen quer über van Goghs Leinwände, auf denen er Zartgefühl gegen eine dämonische Intensität eingetauscht hat. Man kann direkt spüren, welch eine Dringlichkeit er innerlich empfunden haben muß, so extrem, daß sie fast nicht mehr auszuhalten war. Dennoch ist es ihm gelungen, die wilde marsische Energie innerhalb seiner eigenen Vision zu kanalisieren.

Ludwig van Beethoven, der seine Zeitgenossen mit seiner lebendigen und revolutionären Musik empörte, ist ein Beispiel für eine andere Seite der marsischen Qualität. Er spielte das Klavier mit einer solchen Intensität, daß das Instrument im wahrsten Sinne des Wortes über den Salonfußboden hüpfte. Trotz der Hindernisse, mit denen er zu kämpfen hatte, waren sein musikalischer Erfindungsreichtum und die von ihm kreierten dramatischen Effekte genial.

Marsische Menschen sind ein streitsüchtiger und reizbarer Haufen, doch sehe ich ihre größte Schwäche darin, daß sie Schwierigkeiten brauchen. Notsituationen beleben sie. Aufgrund ihres unersättlichen Antriebes haben sie wenig Freizeit, doch macht er sie auch potentiellen Katastrophen gegenüber wachsam, die überall lauern könnten. Sie können nicht aufhören, sich über die Makel in ihrem Leben Sorgen zu machen, und möchten eine Chance bekommen, von Mann zu Mann mit den Dämonen zu kämpfen, die sie dort vorfinden. Sie sind sich so sicher, daß Probleme tagtäglich überall auftauchen, und haben sich innerlich so auf Kampf eingestellt, daß sie noch nicht einmal durch einen Supermarkt gehen oder das Auto waschen können, ohne zumindest ansatzweise in Aufregung zu geraten.

Auf eine Weise ist es bemerkenswert, daß die naive Skepsis der marsischen Menschen ihren Tatendrang nicht mehr beeinflußt, als er es tut. Obwohl der marsische Typ in eine düstere und verbitterte Depression versinken kann, wartet er eigentlich nur auf eine neue Herausforderung. Wenn der Widerstand, den ein schwieriges Projekt, ein hartes Spiel oder eine unerwartete Zurücksetzung bietet, auftaucht, legt er seine Bedenken und Ängste beiseite, entfacht seine gewohnte Energie aufs neue und geht los, um das Ziel zu erreichen, auf das sich sein entschlossener Blick diesmal geheftet hat.

Der marsische Typ

Allgemeine Ausrichtung
Aktiv-männlich/Negativ

Psychologischer Überblick
Hauptmerkmale: Aggression und Destruktivität
Maximale Anziehung: zum venusischen Typ
Maximale Abstoßung: zum merkurischen Typ

Schlüsselworte
Ärgerlich, voreilig, unberechenbar, destruktiv, aggressiv, entschlossen, kritisch, gewalttätig, hingebungsvoll, kriegerisch, leidenschaftlich, impulsiv, loyal

Beispiele

James Cagney, John F. Kennedey, Vincent van Gogh,
Richard Burton, Sissy Spacek, Sean Penn, Katharine
Hepburn, Paul Newman, Nick Nolte, Ross Perot

William Benhams Körperbeschreibung:

Der marsische Typ ist mittelgroß, sehr kräftig gebaut, sieht
muskulös aus, hat einen aufrechten Gang, zieht seine Schultern zurück und macht den Eindruck, jederzeit bereit zu sein,
sich selbst zu verteidigen. Er hat einen kleinen, runden Kopf,
der an der Schädelbasis ungewöhnlich groß ist. Der Nacken
ist breit und in ausgeprägten Typen weit über das gewöhnliche Maß hinaus entwickelt. Das Gesicht ist rund, die Haut
dick, widerstandsfähig und rötlich und macht oft einen flek-
kigen Eindruck. Das Haar ist kurz und steif, manchmal lok-
kig und rotbraun oder rot. Der Bart ist kurz und borstig. Die
großen Augen haben einen mutigen, leuchtenden Ausdruck,
sind dunkel, und das Weiße ist oft blutunterlaufen. Daran sieht
man, wie intensiv die Blutzufuhr ist. Der Mund ist groß und
hat entschlossene Züge. Die Lippen sind schmal, wobei die
untere häufig dicker ist. Die Zähne sind klein, regelmäßig,
stark und etwas gelblich. Der marsische Typ hat dicke, gerade Augenbrauen, die nah an den Augen wachsen, so daß es
oft so aussieht, als ob er finster dreinschaut. Seine Nase ist
entweder lang und gerade oder hat eine römische Form. Das
Kinn ist fest und stark und ist häufig am Ende etwas nach
oben gebogen. Er hat kleine Ohren, die nah am Kopf sitzen,
wobei die rote Färbung der Haut um die Ohren herum besonders stark ist oder bei besonders stark marsisch ausgeprägten
Menschen sogar lila und blutüberfüllt aussieht. Der kurze,
dicke Hals verbindet den Kopf mit gut entwickelten, breiten
und muskulösen Schultern, mit großen Muskeln, die den Rük-
ken hinunterlaufen, und einer großen, expansiven Brust. In
der Brust befinden sich große, starke Lungen, aus denen eine
laute Stimme mit Befehlston erklingt, die einen vollen Klang

besitzt und sehr kraftvoll ist. Die Beine sind kurz, aber kräftig und muskulös, die Knochen sind groß und stark und die Füße breit. Der Spann ist tendenziell flach, wodurch dieser Typ einen stolzen und entschlossenen Gang bekommt. Alles in allem ist dies die Erscheinung eines Menschen, der in der Lage ist, sich seinen Weg in der Welt zu bahnen, mit geistigen Kräften wenn möglich, mit körperlicher Kraft wenn nötig. Der marsische Mensch offenbart durch seine äußere Erscheinung seinen wahren Charakter: kampfbereit, ob es um Angriff oder Selbstverteidigung geht, ob geistig oder körperlich. Er hat eine starke, robuste Konstitution und ist leidenschaftlich bei allem dabei.

Wohin sich der marsische Typ entwickelt

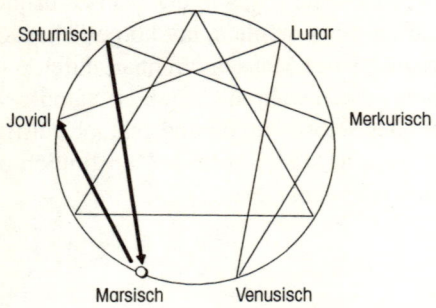

Von der Tatkraft zur Anteilnahme

Da er vom Saturn her kommt, ist der marsische Typ sehr aktiv und männlich. Er hat die grübelnden, kritischen Impulse abgeschüttelt, wodurch dem freien Ausdruck der Leidenschaft auf dem Höhepunkt der marsischen Kraft fast keine Grenzen gesetzt sind. Während sich dieser Typ zum jovialen hinbewegt, wird er weicher und vertieft sich, wobei seine Intensität erhalten bleibt.

Durch die Entwicklung zum jovialen Typ kann der marsische die Unbesonnenheit einiger seiner Handlungen dadurch korrigieren, daß er sich ein gewisses Maß an Anteilnahme an anderen aneignet. In Bereichen, in denen sie aufgrund des marsischen Bedürfnisses nach Aktivität destruktiv gewesen ist, kann die joviale Energie diese Rücksichtslosigkeit und ihre Unfähigkeit, ihrer Begeisterung Grenzen zu setzen, etwas mäßigen. Und während Mars an einer gefährlichen Situation ungeachtet ihrer Wirkung auf andere Menschen Freude findet, bringt Jupiter eine Tiefe des

Gefühls mit sich, durch die diese Tendenz positiver eingesetzt werden kann.

Marsische Menschen sollten vermeiden, ihren gewalttätigsten Gefühlen diese joviale Tiefe zu geben, da darin keinerlei Fortschritt zu sehen ist. Sie sollten darauf achten, daß die rührseligeren jovialen Impulse sich nicht ihrer bösartigen Impulse bemächtigen, was zu einem dämonischen und möglicherweise bösartigen Charakter führen kann.

Marsisch-jovial

In der marsisch-jovialen Kombination verbindet sich Leidenschaft mit humanitären Zielen, auch wenn der Fall eintreten kann, daß die marsische Intensität einfach nur von der jovialen Gefühlstiefe aufgeladen wird. Durch die marsische Energie wird die joviale Qualität mit einem aktiven Element versehen, das anderen passiven Typen fehlt, daher kann man den marsisch-jovialen Typ ganz und gar nicht als passiv bezeichnen. Das Eintauchen in die joviale Qualität beseitigt fast alle maskulinen Elemente, wobei Tiefe hinzukommt, die Aktivität und die grobe Energie jedoch abnimmt.

Einerseits hat er eine gesunde, gut durchblutete marsische Erscheinung, andererseits ist er jovial-rundlich. Alles in allem ein aggressiver Typ, aber bestrebt, andere zufriedenzustellen und Ideen umzusetzen. Vielleicht der fähigste Typ für geschäftliche Angelegenheiten. Man findet ihn häufig an der Unternehmensspitze, in diplomatischen Kreisen, als Verkäufer oder Selbständigen. Dieser Typ kann eine Vorliebe für Alkohol haben, den Hang, über seine Verhältnisse zu leben, oder auch zu einer anderen Sucht neigen.

Seine Mischung ist: Leidenschaft in Aktion oder Tiefgang mit draufgängerischen Zügen. Er kann aber auch sentimental werden oder Gefühle von Sinnlosigkeit empfinden, wenn sich seine enorme Emotionalität in Selbstabwertung und Niederlagen ergießt. Er ist sowohl marsisch-jovial überspannt als auch venusisch-merkurisch aktiv-passiv, wodurch mehr innere Widersprüche auftauchen als im Normalfall. Hier streitet der stets kampfbereite Krieger mit dem verzeihenden König, der unbedingt Frieden schließen möchte. Diese starken Kräfte müssen versöhnt werden, damit eine innere Harmonie entstehen kann.

Beispiele
Bette Midler, Barbara Bush, Pablo Picasso, Janis Joplin, Teddy Roosevelt, George Gurdjieff, Spencer Tracy

Der joviale Typ

Der joviale Mensch ist ein seltsam aktiver Typ. Schließlich ist dies der erste der drei passiven Typen, aber joviale Menschen isolieren sich nicht von anderen wie der lunare Typ und vegetieren auch nicht vor sich hin wie der venusische Typ. Vielleicht ist noch ein Rest der intensiven Aktivität des marsischen Typs übriggeblieben. Damit ließe sich auch die Intensität erklären, mit der sich dieser Typ in ein Projekt stürzt, und die Energie, mit der er ein tieferes Verständnis der Dinge anstrebt.

Wenn man sieht, wie sich ein jovialer Mensch von dem neusten Objekt seiner Begeisterung mitreißen läßt, wie er sich darin vertieft, wie er danach trachtet, alles darüber zu wissen und jeden Namen zu kennen, der damit in Verbindung steht, wie er sich vor seinen Freunden mit seinen Entdeckungen brüstet und wie viele dieser Freunde er auch für sie begeistert, kann man leicht vergessen, daß der joviale ein passiver Typ ist.

Doch genauso schnell, wie sich ein jovialer Typ für etwas engagieren kann, ist seine Begeisterung auch wieder verflogen. Auch wenn joviale Menschen heute von einer Sache begeistert sind, heißt das nicht, daß sie nächste Woche nicht bereits eine neue Diät ausprobieren, einen anderen Sport treiben oder Kunst studieren, anstatt Wertpapiere zu verkaufen.

Da sie Neuem nicht widerstehen können, ist das joviale Leben sehr abwechslungsreich. Neues birgt für sie den Reiz der Veränderung in sich, und sie unterliegen ihm immer wieder aufs neue. Routine ist für sie reizlos. Das Gewohnte erzeugt in ihnen den Drang nach Bewegung und das Verlangen, auf den Wogen von etwas ganz Neuem zu reiten. Da sie sich stets von den Höhen der Begeisterung zu den Tälern der Langeweile und zurück bewegen, erreichen sie möglicherweise nicht viel. Sie dringen nicht weit genug zum Kern einer Sache vor und bleiben während schwieriger Phasen nicht am Ball, wobei ihnen nur Disziplin und Beharrlichkeit helfen können. Rasch verlieren sie das Interesse daran, die Begeisterung schwindet, und mit der Zeit ist alle Energie für die Sache verpufft.

Der joviale Typ ist ein farbiger Körpertyp

Er ist ein farbiger, vielleicht sogar ausgefallener Typ. Im extremsten Fall ist er eine Art von Weihnachtsmann. Normalerweise hat er ein rundes Gesicht, runde Wangen und runde Schultern, die gut zu seiner abgerundeten Lebensanschauung passen. Joviale Männer sind weiblicher, wenn sie mehr zum lunaren Typ neigen, doch verleiht ihnen der Mars auch Entschlossenheit und Intensität. Ihr Haar lichtet sich in der Regel schneller, als sie Bauch ansetzen, aber nicht sehr. Einen hohen Prozentsatz an glänzenden jovialen Häuptern findet man im Publikum in den Konzerthallen und unter den Musikern, die dort spielen - vielleicht kommt das von der Kreativität dieses Körpertyps.

Joviale Menschen erregen gerne Aufsehen in der Gesellschaft und setzen all ihre theatralischen Tricks ein, um auf sich aufmerksam zu machen. Sie steigern die Wirkung ihrer dramatischen Auftritte noch durch die Extravaganz und die Vielseitigkeit ihrer Garderobe. Ihre Kleiderschränke sind bis oben hin voll mit Kleidern, die eines Tages Teil eines Kostüms für eine der verschiedenen Rollen werden, die sie spielen müssen. Sie haben mit großer Wahrscheinlichkeit auch mehrere Kleidergrößen zur Auswahl, da sie darauf vertrauen, daß ihr fleischiger Körper auch weiterhin in regelmäßigen Abständen an Gewicht zu- und abnehmen wird.

Die schwungvollen Abgänge des jovialen Typs sind genauso beeindruckend. Er verteilt Handküsse und Zurufe in alle Richtungen, wirft seinen Mantel um seinen üppigen Körper und be-

172

nutzt, kurz gesagt, die ganze Dramatik und Lautstärke seines Abschieds, um einen möglichst lebhaften Eindruck zu hinterlassen. Er ist immer auf der Bühne.

Rembrandt - ein Beispiel eines jovialen Typs

Der holländische Maler Rembrandt van Rijn war ein stark ausgeprägter jovialer Typ, der sich selbst und seine Modelle in den fantastischsten und exotischsten Kostümen darstellte. Diese Übertragung seines jovialen Wesens in seine Kunst ist etwas ganz Natürliches und überrascht uns nicht. Auch der holländische Fischhändler in einem seiner Gemälde, der von der Last der opulenten Gewänder eines türkischen Herrschers niedergedrückt wird, läßt uns nicht mit der Wimper zucken.

Rembrandt ist in seinem Leben immer wieder mit ganz neuen, unbekannten Dingen in Berührung gekommen. Er lebte in Amsterdam, dem Zentrum eines Handelsimperiums, in das die Seefahrer und die Händler alle möglichen Produkte der Handelsnationen brachten und unter die Holländer des 17. Jahrhunderts verteilten. Er konnte diesen seltsamen Schätzen so wenig widerstehen, daß er sich mit der Zeit selbst finanziell zugrunde richtete und den Versteigerern seine Kostüme, seine goldenen Helme, japanischen Rüstungen und antiken Büsten überlassen mußte, um seine vielen Gläubiger bezahlen zu können.

Ja, der joviale ist ein verschwenderischer Typ, der unwirtschaftlich mit Geld umgeht und es mit vollen Händen ausgibt. Er geht auch großzügig und leichtsinnig mit Versprechen um. Er unterhält und unterstützt andere jedoch so sehr, daß es uns schwerfällt, ihm seine mangelnde Disziplin vorzuhalten. Die Feste, die der joviale Typ veranstaltet, ziehen immer viele Menschen an - egal, ob es ihm selbst gut oder schlecht geht. Er wird Ihnen - unabhängig davon, wie es ihm geht - trotzdem viel zu viel zu essen geben, Sie mit seinen Geschichten aufheitern und Ihnen mit Ihren Problemen helfen. Armut ist kein Grund für ihn, seine Extravaganzen einzuschränken. Sie werden dann eben mit Krediten finanziert.

Eine „lebhafte" Anziehungskraft

Der joviale Typ ist mütterlich, pingelig und fürsorglich. Sein Einfluß wechselt sich manchmal mit dem des väterlichen saturnalen Typs ab und stellt sich ihm manchmal entgegen. Die Ergänzung des jovialen Typs ist der kindische und unterhaltsame Merkur, und die Anziehungskraft zwischen diesen beiden ist lebhaft und energetisierend. Wenn sie zusammen sind, regen sie sich gegenseitig geistig an. Ihre Gedanken werden kühn und beschleunigen sich, und ihr Verstand gewinnt an Schärfe und Schlagfertigkeit. Sie können auch gemeinsam einen hysterischen Anfall erleiden, in welchem sie vor sich hin blubbern und sich krümmen und auch alle anderen in ihrer Nähe einen Lachanfall nach dem anderen bekommen.

Merkur ist wirklich der perfekte Spiegel für den jovialen Typ. Der schnelle Geist des Merkurs kann dem umständlichen jovialen Denken folgen, und die merkurische Hypochondrie erlaubt es dem jovialen Typ, seinem Bedürfnis nachzugehen, andere zu bemuttern und zu versorgen. Merkurische Menschen sind wie Kinder begierig nach Aufmerksamkeit, und dieser Hunger ist das passende Gegenstück zum jovialen Bedürfnis, Schüler zu haben, die er belehren, führen und beraten kann.

Wie der merkurische Typ blüht der joviale in Gesellschaft auf. Joviale Menschen lieben es, Menschen um sich zu haben. Solange sie nicht mit einem anderen jovialen Menschen konkurrieren müssen, ist es ihnen um so lieber, je mehr Menschen da sind.

Menschen sind das Medium, in dem er lebt, und die Luft, die er atmet. Sein Adreßbuch quillt mit Namen von Freunden, Kollegen und Bekanntschaften über. Er wird noch die Telefonnum-

174

mer eines Fremden haben, den er bei einer Unterhaltung in einem Zug nach London vor zwölf Jahren kennengelernt hat: was war das doch für ein interessanter Mensch! Wenn er zufällig auf den Namen stößt, wird er die ganze Geschichte zum besten geben - er glaubt, daß jede seiner Geschichten gleichermaßen faszinierend ist. Und wenn er einmal losgelegt hat, braucht er nicht mehr als ein gelegentliches Kopfnicken von Ihnen, um in Gang zu bleiben.

Wie sich der joviale Typ selbst sieht

Joviale Menschen hätten es gern, daß man denkt, daß sie nur das Beste in den Menschen ihrer Umgebung sehen, doch hat ihr Gerede auch etwas Gehässiges. Sie bemühen sich, das glänzende und fröhliche Image, das sie von sich selbst haben, aufrecht zu halten, und werden den hartnäckigen Optimismus nicht aufgeben, der es am Leben erhält. Es ist schwierig, konstruktive Kritik von einem jovialen Typ zu bekommen, auch wenn man sie gerne hören will. Es schmerzt ihn, jemanden zu kritisieren. Entweder möchte er Ihnen mit der Wahrheit keine Schmerzen bereiten, oder er fürchtet, seine Beliebtheit einzubüßen, wenn er Ihnen etwas sagt, was Sie nicht hören möchten.

Die Selbstachtung des jovialen Typs steht auf so wackeligen Füßen, daß er deswegen in den höchsten Tönen über andere spricht. Der Gedanke an das, was passieren würde, wenn er einfach nur offen und ehrlich wäre, erschreckt ihn zu Tode. Er wird beleidigt sein, wenn Sie nicht mit ihm übereinstimmen, doch wird es ihn tief kränken, wenn Sie durchblicken lassen, daß Sie ihn nicht mögen. Seine Eitelkeit macht ihn empfänglich für Manipulation durch Schmeichelei und für Demütigung durch Niederlagen. Er glaubt, immer im Recht und ein Mensch zu sein, den man mögen muß. Nach all dem, was er weiß, ist der joviale der perfekte Typ.

Eitelkeit ist ein Makel des jovialen Typs

Diese Eitelkeit kann all seine gute Seiten ins Gegenteil verkehren. Daß man ihn schnell ins Herz schließt, die Art und Weise, wie er andere Menschen in seine Einflußsphäre zieht, all das, was an einem jovialen Menschen liebenswürdig und unterhaltsam ist oder was man an ihm schätzt, kann sich auch gegen ihn wenden. Wenn er sehr eingebildet ist, wirkt sein Humor geziert. Und während er die Fehler eines Freundes oder die zwanghaften Handlungen seiner Frau genauso gut sehen kann wie jeder andere, erscheint ihm sein eigenes Verhalten im besten Licht. Seine Ziele haben aus seiner Sicht etwas wahrhaft Edles, und sein Verhalten grenzt für ihn an Vollkommenheit. Er könnte durchaus etwas denken wie: „Ich muß einfach ein wunderbarer und unterhaltsamer Kerl sein. Warum sollten mich diese netten Leute hier sonst mögen?"Diese Selbstherrlichkeit führt beim jovialen Menschen zu Prahlerei, übermäßigem Eigeninteresse und Wichtigtuerei. Seine Eitelkeit vermittelt ihm zwar ein gewisses Selbstvertrauen, dahinter befindet sich jedoch eine zarte Seifenblase aus Angst, ein Geheimnis, das so sehr behütet werden muß, daß er es sogar vor den Nadelstichen seiner eigenen Zweifel schützen muß. Er weigert sich, von seinen Freunden Hilfe anzunehmen, und glaubt, daß Loyalität bedeutet, daß man ihn niemals kritisiert.

Dieser Unsinn entstellt viele seiner Talente. Während der joviale Typ die Akkorde, die die einzelnen Menschen um ihn herum spielen, zu einer fruchtbaren und kooperativen Harmonie zusammenführt, bedarf es doch nur einer Person, die sich weigert, seiner Partitur zu folgen, um ihn wild zu machen. Er webt erkenntnisreiche und amüsante Geschichten für seine Zuhörerschaft, erstickt jedoch jedes Anzeichen von Konkurrenz mit Wolken sinnloser Langatmigkeit und wird zum Schluß ein Langweiler.

Vielleicht ist der joviale Typ ein geborener Lehrer, doch ist er

von der Sorte, der man nicht widersprechen darf. Er setzt sich
für Schwächere ein, solange sie ihm dafür dankbar sind. Er ist
ein unermüdlicher Organisator und besteht auf seinen fixen Vorstellungen von richtig und falsch, doch möchte er auch sicherstellen, daß man seinen Namen auf der Kreditabzahlungsverein-
barung richtig schreibt.

Doch gerade durch diese ganzen Manöver wird der Einbil-
dung des jovialen Typs ein Strich durch die Rechnung gemacht.
Der joviale Mensch fühlt, daß seine Mängel seine angestrebte
Perfektion vereiteln und seine Fehler andere vertreiben. Vielleicht
wird er aus diesem Grund hochnäsig und gleichzeitig unnahbar.
Seinen Freunden wäre es jedoch lieber, wenn er seine Exzesse
so sehen würde wie sie: als Extremformen seiner humanitären
Ader. Dafür würden sie ihn lieben.

Der joviale Appetit

Joviale Menschen lassen sich gern necken und reizen. Es bringt
sie auf Touren. Sie suchen die Würze im Leben und möchten
alles in sich aufnehmen. Ihr Appetit wird durch Neugierde angeregt - einschließlich ihres Heißhungers auf Neues, Außergewöhn-
liches und Seltsames. Sie sammeln Geschichten über rätselhafte
Persönlichkeiten, Andenken an dramatische Szenen ihrer Vergangenheit, sozusagen absonderliche Bruchstücke des Lebens.
Ihre Regale sind voll mit dem Zeug, und um alles in der Welt
würden sie sich nicht davon trennen. Das daraus resultierende
Chaos erinnert sie an ihre Reisen, an die große Bandbreite ihrer
Interessen und daran, wie komplex und vielseitig sie doch sind.
Sie leben inmitten einem Haufen von Sammelstücken, von de-
nen sie sich getröstet fühlen.

Der joviale Typ ist ein freundlicher und verzeihender Freund,
der Sie in seine Familie aufnimmt. Er wird Ihnen sein Auto lei-
hen, Ihnen Abendessen zubereiten und Ihnen etwas Geld zustek-
ken, um Ihnen über die Runden zu helfen. Er ist bereit, die Ver-

antwortung für Ihr Glück und Ihr Wohlergehen zu übernehmen. Das Leiden seiner Freunde oder seiner Familie oder jedes anderen, der sich in seinem großen emotionalen Raum befindet, bekümmert ihn. Er würde Ihnen gerne durch schwierige Zeiten helfen und ist bereit, Ihnen beim Tragen Ihrer Last zu helfen, als ob es seine eigene wäre.

Für den jovialen Typ ist es schwer, die vollkommene Willkür von Krankheit und Schmerz zu verstehen. Die Ungerechtigkeit, die damit verbunden ist, will ihm einfach nicht in den Kopf. Obwohl seine Welt bunter und vielfältiger ist als unsere, hat sie dennoch mehr Happy-Ends. Egal wie tief Sie gefallen sind, wie verzweifelt Ihre Situation zu sein scheint oder wie schlecht Ihre Chancen stehen, der joviale Typ wird in der Lage sein, einen Silberstreifen am Horizont zu finden. Auf pragmatischere oder einfach zynische oder ironische Menschen wirkt der joviale Typ unrealistisch. Sie glauben, daß er prädestiniert ist, enttäuscht zu werden, weil er einfach noch nicht bemerkt hat, daß Katastrophen im Leben an der Tagesordnung sind.

Der joviale Typ bleibt in bezug auf sich und seine Freunde ein entschiedener Optimist. Er wird Ihre Ziele von ganzem Herzen unterstützen, solange Sie seine Ratschläge mit der Ernsthaftigkeit behandeln, die sie verdient haben. Wenn Sie wissen möchten, wie Sie seine Unterstützung bekommen können, sollten Sie

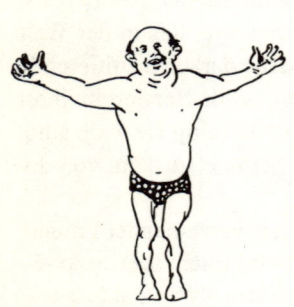

versuchen herauszufinden, welche Rolle er Ihnen gegenüber eingenommen hat. Vielleicht hat er sich entschlossen, Ihr Berater zu sein oder Ihr Lehrer, Ihre Mutter oder Ihr Guru. Sie gehen ein Risiko ein, wenn Sie aus der Rolle fallen, die er für Sie im Moment vorgesehen hat. Sie könnten dadurch die grausamste Strafe auf sich ziehen, die er Ihnen auferlegen kann: Verbannung. Er kann sich nichts Schlimmeres vorstellen, als Sie seiner Gegenwart zu berauben.

Diese Drohung der Verbannung ist das Schwert, das der joviale Typ über Ihrem Kopf schweben läßt. Es ist seine Strafe für schlechtes Benehmen. Wenn Sie ihn zufriedenstellen, wird all seine fürsorgliche Aufmerksamkeit Ihnen gehören. Wenn Sie ihn enttäuschen, wird er jegliche Verbindung zu Ihnen abbrechen, als ob Sie nie existiert hätten. Er ist ständig mit Variationen der Themen Schuld und Verpflichtung beschäftigt. Er lockt Sie mit dem Versprechen, Ihnen einen Gefallen zu tun, und versucht, korrigierend auf Sie einzuwirken, indem er Ihnen Schuldgefühle einredet.

Passive Macht

Joviale Menschen scheinen einen direkten Draht zu unserer Angst zu haben, etwas falsch zu machen, und setzen ihn systematisch und geschickt ein, um uns unter Kontrolle zu halten. Wenn man zwanghaft Menschen zufriedenstellen muß, könnte man sich als Satellit ihres Sterns wiederfinden und entdecken, daß es schwierig ist, sich wieder aus ihrem Einfluß zu lösen.

Die Macht eines jovialen Menschen ist davon abhängig, wie sehr er Sie aufrütteln, Sie in Bewegung setzen und seine Vision zu Ihrer machen kann. Mit seinen weitreichenden Gedanken und seinem Hang zum Drama kann er es schaffen, Sie einen Moment lang davon zu überzeugen, daß Sie zum Fortschritt der Menschheit beitragen, wenn Sie sein Auto parken, einkaufen gehen oder welche Besorgung auch immer für ihn machen, und diese Ehre erweist er anderen nicht oft.

Mit seinen Täuschungsmanövern und seiner Prahlerei, die seine Handlungen überschatten, gelingt es ihm, die Absichten, die er wirklich verfolgt, vor uns zu verbergen. Sogar sein Taktgefühl könnte in seinen Manipulationen eine Rolle spielen. Und wenn wir alle seinem Ruf nach selbstlosem Dienst gefolgt sind, mag es uns nie ins Bewußtsein kommen, daß der joviale Mensch auch dunklere Absichten haben könnte, die sogar ihm verborgen bleiben. Er ist inzwischen von seiner Rechtschaffenheit so überzeugt, daß es ihm nichts ausmacht, ein wenig verschleierte Verführung einzusetzen, um seinen Willen durchzusetzen.

Joviale Menschen genießen das Ausmaß ihrer Macht, die Leichtigkeit, mit der sie andere Menschen steuern. Sie werden ihre Mitarbeiter unter Druck setzen oder die Umstände manipulieren, um einen Vorteil zu erzielen. Wenn sie eine Bedrohung für ihre Familie oder ihr Prestige wittern, werden sie rücksichtslos.

Auf der anderen Seite müssen joviale Menschen jedoch auch den Forderungen ihres klar umrissenen Selbstbildes gerecht werden, in dem sie ihren Zielen idealistische und utopische Züge gegeben haben. Sie entwickeln sich zu Experten strategischer Unterlassungen und geschickten Rechtfertigern. Mit äußerster Kunstfertigkeit werden sie Ihnen nicht nur einfach erklären, was sie getan haben und warum, sondern sich dabei gleichzeitig auch selbst beruhigen.

Sein instinktives Taktgefühl macht den jovialen Typ in diplomatischen Kreisen erfolgreich. Sein Harmoniestreben ist die Ursache für seine Hingabe an seine Familie, seine Gemeinde oder sein Land, wo er Zusammenhalt und Ausgeglichenheit sucht. Vielleicht findet er sich in der Rolle wieder, gegnerische Parteien an einen Verhandlungstisch zu bringen oder zwischen streitenden Freunden zu vermitteln. Er bringt Anerkennung und Unterstützung, nicht Gerechtigkeit.

Aufgrund ihrer rhetorischen Fähigkeiten und ihrer persönlichen Anziehungskraft haben joviale Menschen eine gute Ausgangsbasis für eine politische Karriere. Sie sind für Handel und Gewerbe gleichermaßen geeignet, und nachdem sie ihre Kompetenz und ihre Fähigkeit, Verantwortung zu tragen, unter Beweis gestellt haben, können sie durchaus mit der Führung einer Firma betraut werden.

Die joviale Atmosphäre

Einem jovialen Menschen nahe zu sein, hat einen stärkenden Einfluß auf andere Menschen und erweckt ihr Vertrauen. Die beruhigendsten und einfühlsamsten Ärzte, die es gibt, sind joviale Menschen. Sie teilen nicht nur unseren Schmerz mit uns, sondern erwecken auch den Eindruck, daß sie mit einer Berührung oder einem Lächeln zu unserer Genesung beigetragen haben. Sie sind die seltenen und verständnisvollen Heiler, die nie zu müde sind, um Ihnen noch einen Besuch abzustatten, und die scheinbar immer ein paar Süßigkeiten für die Kinder in ihrer Tasche haben.

Joviale Menschen haben genug Energie, um ein kleines Dorf von Angehörigen zu versorgen, und umgeben sich mit Katzen, Hunden, Kindern, Freunden, einer Familie und Kollegen. Sie lieben Sprachen, und es fällt ihnen leicht, sie zu lernen. Ihre Schauspielerei läßt sich mühelos auf die Bühne übertragen, wo sie ihr Verlangen nach extremen Verhaltensweisen befriedigen können, während sie von der Aussicht auf Ruhm ganz trunken werden.

Joviale Menschen geben gern Geld aus, ob sie nun welches haben oder nicht. Kaum etwas läßt ihr Herz höher klopfen, als ein kleiner Exkurs in für alle sichtbares Genußleben. Sie sind weder bescheiden, was ihre Talente anbelangt, noch diskret, was ihr Vermögen anbelangt. Sie schmeicheln sich selbst mit ihren gewagten Maßlosigkeiten. Wenn ihre Diamantenohrringe, ihre Krokodillederstiefel oder ihr neuer Chevrolet nicht auffällig sind, wozu sollen sie sonst gut sein? Ein Überfluß an Bargeld gibt dem jovialen Typ ein zufriedenes, gut genährtes Aussehen, gerade so, als ob er einen Preis in Genußsucht gewonnen hätte.

Ihre kreative Ader

In diesem Verhalten ist hier und da auch eine kreative Ader zu erkennen. Sie schimmert in dem ständigen Neuerschaffen ihres Selbstbildes durch, in ihrer andauernden Freude, auf der Bühne zu stehen, sowie in ihrer Art, sich ständig zur schauspielerischen Höchstleistung herausgefordert zu fühlen. Sie taucht in ihren geistigen Fähigkeiten auf und in der Art und Weise, wie ihr Humor die Widersprüche und die Absurditäten des Lebens aufzeigt, bei dem man sich aber trotz allem vor Lachen den Bauch halten muß.

Angefangen mit jovialen Bauernmädchen, die bei den synthetischen Texten von Pop-Musik erzittern, bis hin zu jovialen Industriellen, die von ihren Kunstsammlungen gerührt sind, ja sogar bis zur dröhnenden, jovialen Stimme von Walt Whitman, der sich selbst und das Universum feiert: Menschen dieses Typs haben Zugang zur Kunst und überhäufen ihr Leben damit.

Sie sind sowohl vom Leben als Musiker, als auch von Musik als Entspannung vom Alltag gleichermaßen angetan. Als Eltern und als Künstler sind sie gleichermaßen produktiv. Der joviale Johann Sebastian Bach produzierte sein ganzes Leben lang mit der gleichen Leichtigkeit Musik, wie der Rest von uns atmet. Gleichzeitig war er Vater von über 30 kleinen „Bachs"! In der Vergangenheit war Kunst sicherlich keine reine joviale Domäne. Dafür ist sie zu menschlich und zu vielseitig, so daß alle Typen sich darin entfalten können. Die jovialen Menschen scharen sich um alles, was mit Kunst zu tun hat, weil sie versuchen, ihre Sehnsucht nach Kunst in jeder Form zu befriedigen.

Sie werden Kunstmäzene, Kunsthistoriker, Museumsdirektoren, sie stiften Geld für Symphonieorchester, sammeln Geld für Opern, spenden für neue Museumsflügel und sind Freunde von Dirigenten. Ich bin mir nicht sicher, ob ich je einen jovialen Menschen getroffen habe, der nicht entweder selbst Gedichte schrieb oder sie zumindest las. Ohne viel Beharrlichkeit flattert der joviale Typ von einem Experiment zum nächsten, macht in dem einen Jahr einen Film, gewinnt ein paar Auszeichnungen im nächsten und scheint immer kurz davor zu sein, sich für den nächsten Abendkurs einzuschreiben, der ihm gerade in den Sinn gekommen ist.

Die ganze Vorliebe für Kunst und der ganze Eklektizismus weist jedoch noch auf etwas anderes am jovialen Typen hin, auf etwas, was sich auch in den Kräften zeigt, mit denen sie andere an sich binden. Es handelt sich um eine tiefe Sehnsucht in ihnen, die einen Großteil ihres Denkens und Verhaltens beherrscht: die Sehnsucht nach Harmonie.

Wenn ich Harmonie sage, meine ich, daß joviale Menschen sich in der Rolle der harmonisierenden Kraft sehen. Ordnung, wie Disziplin sie hervorbringt, oder die einem strengen Formgefühl entspringt, würde sie nicht zufriedenstellen. Sie suchen etwas anderes: Bedeutungszusammenhänge und nicht chronologische Abfolgen.

Joviale Menschen möchten alles in seiner Tiefe verstehen. Sie möchten jedes flüchtige Gefühl, jeden neuen Gedanken und jeden Augenblick der Erfahrung mit jedem anderen Gefühl, jedem anderen Gedanken und jeder Erfahrung verknüpfen. Vielleicht haben sie sogar eine Vorstellung oder eine Landkarte eines sinnvoll gelebten Lebens, doch befriedigt sie das nicht. Sie möchten sie von der Wand reißen, um einen Globus wickeln und eine Idee von den wirklichen Beziehungen bekommen, die zwischen den Dingen arbeiten.

In ihrem Versuch, die Bedeutung der allerkleinsten Erfahrungseinheiten zu erfassen, können joviale Menschen genauso häufig absurd wie tiefsinnig wirken. Dieser Unterschied ist einem jovialen Menschen, der mitten im Text steckt, das Publikum unter Kontrolle hat und auf der Suche nach Verbindungen, Korrespondenzen, Erklärungen und Übereinstimmungen seinen Geist immer weiter streckt, um noch größere Zeitspannen überblicken zu können, ziemlich egal.

Manche Leute sind der Meinung, daß diese Angewohnheit, die ein so wesentlicher Bestandteil der Rolle der jovialen Menschen in der Gesellschaft ist, ihrem Verlangen nach künstlerischem Ausdruck entspringt. Für mich ist sie jedoch ein Anzeichen des jovialen Bedürfnisses, das nicht nur ihren künstlerischen Ausdruck, sondern auch ihr Leben mit Brennstoff versorgt: ihr Bedürfnis, alle Menschen, die sie kennen, und alles, was sie wissen, in einer allumfassenden harmonischen Einheit miteinander zu verbinden. Wenn sie dieses Ziel für einen Augenblick verwirklichen, reißen sie uns alle mit und vermitteln uns einen Eindruck einer höheren, erfüllenden Harmonie, die jenseits unserer Welt liegt.

Der joviale Typ

Allgemeine Ausrichtung
   Passiv-weiblich/Positiv

Psychologischer Überblick
   Hauptmerkmale: Eitelkeit, Arroganz, Kontrolle
   Maximale Anziehung: zum merkurischen Typ
   Maximale Abstoßung: zum saturnalen Typ, mit dem er in
   bezug auf den „elterlichen Raum" in Konkurrenz steht; und
   zu jedem, der es wagt, ihm zu widersprechen

Schlüsselbegriffe
   kreativ, eitel, hochtrabend, manipulativ, Aufmerksamkeits-
   mittelpunt, freundlich, großzügig, betrügerisch

Beispiele
   Walt Whitman, Burl Ives, Beverly Sills, H. Norman
   Schwarzkopf, Santa Claus, Orson Welles, Pablo Casals,
   Falstaff

William Benhams Körperbeschreibung:
   Der reine joviale Typ ist von mittlerer Größe. Er ist nicht der
   größte der sieben Typen - diese Auszeichnung gebührt Saturn. Er ist auch nicht der kleinste - das ist Merkur. Er ist
   jedoch ein großer, gut gebauter Typ, der zu Körperfülle neigt.
   Sein Fleisch ist fest und nicht nur Fettgewebe, es hat auch
   nichts von der schwammigen Weichheit des lunaren Typs. Er
   hat lange und kräftige Knochen, die sein Gewicht sehr wohl
   tragen können. Seine Haut ist weich und klar, hat eine eher
   feine Struktur, ist rosafarben und sieht gesund aus. Er hat große, ausdrucksstarke Augen und klare Pupillen, die sich bei
   emotionaler Erregung erweitern. In seinem Blick ist nichts
   Wildes, sondern er ist sanft, fast erweichend, und seine Augen lassen Ehrlichkeit und ein freundliches Wesen erkennen.
   Die Augenlider sind dick und sehen ein bißchen geschwollen
   aus. Die Wimpern sind lang und schwungvoll nach oben ge-

bogen. Die Augenbrauen beschreiben einen Bogen, und die einzelnen Härchen wachsen gleichmäßig, wodurch die Brauen klare Konturen bekommen. Die gerade und wohlgeformte Nase ist eher groß und hat oft eine römische Form. Der Mund ist groß, die Lippen voll und die Oberlippe ist aufgrund der Zahnstellung leicht hervorstehend. Die Zähne sind stark, weiß, aber auch lang und stehen eng zusammen, wobei die beiden vorderen Schneidezähne länger sind als normal. Die Wangen sind etwas pausbäckig, so daß die Backenknochen nicht zu sehen sind. Die Ohren haben eine regelmäßige, angenehme Form und liegen eng am Kopf an. Der Kopf ruht auf einem wohlgeformten, mittellangen und kräftig aussehenden Hals. Der Rücken und die Schultern sind fleischig und stämmig. Die Beine und Füße sind wohlproportioniert und mittelgroß, aber stark und stabil. Sein Gang ist gemessen und würdevoll. Er hat braunes bis kastanienbraunes Haar. Bei Frauen dieses Typs ist es oft lang, fein, aber füllig, und eher lockig. Der joviale Typ schwitzt viel, besonders oben auf dem Kopf, auch von normalen Anstrengungen. Dies führt bereits früh im Leben sehr oft zu Glatzenbildung.

Da er eine kräftige Konstitution besitzt, ist sein Körper stark behaart, was ganz allgemein ein Zeichen von Stärke ist. Die Brust des jovialen Typs ist gut entwickelt, und seine großen Lungen sind wie Blasebalge, aus denen eine klangvolle, musikalische Stimme ertönt - genau die Stimme, mit der man Befehle erteilt oder zu einer Menge spricht, um sie zu beeinflussen. Unter anderem ist es seine Stimme, die aus dem jovialen Typ den geborenen Führer macht, der er ist.

Es ist nicht schwer zu erkennen, warum so eine Persönlichkeit wie der joviale Typ eine Reihe von Anhängern führen sollte, da seine starke und robuste Männlichkeit so anziehend wirkt. Das Vertrauen in seine Stärke erzeugt in Menschen schnell das Bedürfnis, sich mit ihm zu verbünden. Er ist dafür geschaffen zu führen, da ihn die Natur mit der Stärke und der Anziehungskraft ausgestattet hat, durch die er Anhänger bekommen und sie anleiten kann.

Wohin sich der joviale Typ entwickelt

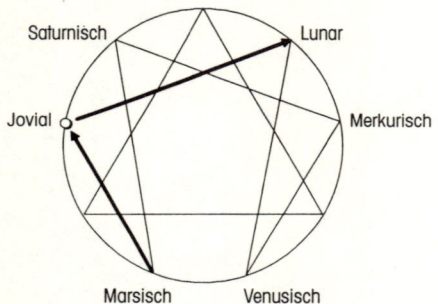

Von unbeschwerter Heiterkeit zur Besonnenheit

Vom marsischen Typ fließen dem jovialen Energie und Aktionsbereitschaft zu. Diese Aktivität und diese maskuline Energie zirkuliert in dem Typ, erreicht im jovialen seinen Höhepunkt und läßt in Richtung auf die lunare Passivität rasch wieder nach.

Der joviale Typ kann die Tatsche, daß seine Interessen genauso schnell aufflackern, wie sie wieder nachlassen, durch die Beharrlichkeit des lunaren Typs korrigieren. Seine manchmal überfließenden Gefühle und seine sklavische Ergebenheit diesen Gefühlen gegenüber können unter Umständen von der Disziplin und der Entsagung des lunaren Typs im Zaum gehalten werden. Wenn der joviale Mensch mit seinen überfließenden Gefühlen und seiner Tendenz, in abstrakte Bereiche abzuheben, wieder auf die Erde kommen muß, kann er sich am Pragmatismus und der praktischen Orientierung des erdverbundenen lunaren Typs ein Beispiel nehmen.

Die Gefahr hierbei liegt darin, daß der joviale Typ einfach

nur kühl und zurückhaltend werden könnte und sich unnahbar macht und isoliert, anstatt sein Selbstbild auszurichten. Er sollte versuchen, diese Entwicklung zu vermeiden, denn sie kann sich nur negativ auswirken. Das in dieser Weiterentwicklung enthaltene Potential besteht darin, den jovialen Geist zu mäßigen und realistischer zu machen, und nicht, eine tief empfundene Loslösung zu bewirken.

Jovial-lunar

Der jovial-lunare Typ hat Tiefe und etwas Schüchternes, ist von sich überzeugt und besitzt einen dunklen Humor. Er ist ein „weicher" oder „luftiger" Typ.

Jovial-lunare Menschen bewahren etwas von der Rundheit des jovialen Typs, eingebettet in dünne, lunar-wässerige Elemente. Männer bekommen leicht eine Glatze, und körperliche Kraft ist nicht ihre starke Seite. Da sie nicht über die rotwangige, lebendige Qualität der aktiveren Typen verfügen, sind sie meistens blaß, haben ein fliehendes Kinn und vielleicht auch einen jovialen Bauchansatz.

Diese Mischung von Gefühl und Kontrolle ist ideal für eine musikalische, künstlerische oder schriftstellerische Karriere, und tatsächlich finden wir hier viele Menschen dieses Typs. Die joviale Geschäftstüchtigkeit kann sich nämlich mit der lunaren Begabung, Geheimnisse zu tragen, verbinden. Die Möglichkeit, beruflich Karriere zu machen, nimmt allerdings proportional zum Vorhandensein lunarer Anteile ab.

Wenn der jovial-lunare Typ zwischen den Polen Geselligkeit und dem Wunsch nach Alleinsein hin- und hergerissen ist, verwirrt ihn das. Er macht bisweilen einen leicht gespaltenen Eindruck: an einem Tag sprudelt er vor Begeisterung und Interesse über, am nächsten Tag reagiert er kaum noch auf Fragen. Wie bei anderen Mischtypen sind es auch hier die Widersprüche, die herausfordern, sich mit den verschiedenen Neigungen auszusöhnen, die das „Futter" für inneres Wachstum liefern.

Jovial-lunare Menschen müssen sich mit allen Seiten ihres widersprüchlichen Charakters aussöhnen, um ein positives Selbstbild entwickeln zu können.

Beispiele

Queen Victoria, Wallace Shawn, Michail Gorbatschow, Bernie Siegal, Alfred Hitchcock, Diane Ladd, Maurice Nicoll, Joanne Woodward

Der solare Typ

Solare Menschen faszinieren mich, ja, sie faszinieren in der Regel alle Menschen, die nicht zum solaren Körpertyp gehören. Näher kann ein fleischliches, menschliches Wesen nicht an den Zustand herankommen, reine Energie zu sein. Sie sind in bezug auf den Rest der Menschheit das, was ein Kolibri für die Vogelwelt ist: die Geschwindigkeitsbegrenzung der Art. Der ständig herumsausende und herumtänzelnde solare Typ kann den Eindruck vermitteln, daß seine Nerven von der Überbeanspruchung eigentlich durchscheuern müßten oder seine Knochen sicherlich gleich auseinanderfliegen.

Solare Menschen leuchten hell und intensiv und sind ständig in Bewegung. Sie tanzen eigentlich, wenn sie gehen, und spielen den Pantomimen, wenn sie sprechen. Wenn man mit ihnen redet, glühen ihre Augen vor Intensität. Energie erfüllt ihren Körper mit Leben und strahlt in ihre Umgebung ab.

Er läßt sich nicht nahtlos einfügen

Es ist etwas Merkwürdiges an dem solaren Typ, irgendetwas stimmt nicht mit ihm. Er fügt sich nicht so einfach in das Schema der Körpertypen ein, man könnte es höchstens mit Gewalt versuchen. Diesem Typ fehlen die Spannungen, die Anziehungs- und Abstoßungskräfte, die die anderen Typen haben. Auch ihr Metabolismus muß anders sein, sonst könnte er nicht diese Menge an Energie hervorbringen. Diese Unterschiede zu den anderen Typen spiegeln sich auch in dem Enneagramm wider, das wir verwenden, um die Weiterentwicklung der Typen darzustellen. Der solare Typ scheint darauf keinen speziellen Platz einzunehmen.

Aus vielerlei Gründen scheint er gar kein bestimmter Typ zu sein, sondern eher ein Turbolader, den man an allen Typen anbringen kann. Wenn man glaubt, einen solaren Typ erkannt zu haben, hat man unweigerlich auch andere Typen in der Person wahrgenommen. Es kann schwierig sein, die solare Qualität von dem zu trennen, womit sie verbunden ist, und auch wenn man es versucht, führt das oft zu keinem Ergebnis. Die ersten Anzeichen für einen solaren Typ sind jedoch - egal, wo man sie findet - Aufregung, Erregung, Energie, Elektrizität, hohe Schwingungen und schlicht und einfach Geschwindigkeit.

Ob nun lunar-solar, saturnal-solar, venusisch-merkurisch-solar: alle solaren Typen sind etwas Besonderes. Sie sind Typenkombinationen, Menschen, deren Kombination an ihren verschiedenartigen und manchmal unvereinbaren Motiven zerren. Und obwohl wir alle aus verschiedenen Qualitäten zusammengesetzt sind und es die hier in diesem Buch beschriebenen reinen Typen gar nicht gibt, können wir normalerweise deutlich die Melodien der Grundtypen in uns wahrnehmen. Wir können die Funktionen der einzelnen Typen erkennen und versuchen, diese Funktionen zu einem vollständigeren Bild unseres Seins zusammenzusetzen.

Die solare Qualität beeinflußt alle Typen

Beim Studium des solaren Typs müssen wir uns umstellen. Wenn die solare Qualität sich mit anderen Typen verbindet, zum Beispiel mit dem jovialen, dann handelt es sich immer noch um den jovialen Typ, doch nun ist er richtig auf Touren gebracht. Gerade Linien und scharfe Kanten sind an die Stelle von Kurven und Wölbungen getreten. Diese jovial-solare Mischform schmerzt schon fast, da ihre Eitelkeit ganz neue Ausmaße erreicht hat. Sie reagiert nun übersensibel auf Kritik und kann gar nicht mehr damit aufhören, andere zu unterhalten. Sie ist noch einnehmender als ein normaler jovialer Mensch, aber auch schwerer zu greifen.

Wir müssen die Eigenarten des solaren Typs kennenlernen, um ihn beobachten zu können. Wenn wir ihn jedoch aufspüren wollen, müssen wir auch daran denken, daß diese Eigenarten immer mit den Eigenschaften eines anderen Typs vermischt sind. Wenn Sie nach dem solaren Typ Ausschau halten, versuchen sie, ihn in seiner Reinform zu finden. Achten Sie aber auch darauf, was die solare Qualität zu anderen Typen, mit denen sie in Verbindung steht, beiträgt.

Da es so schwierig ist, gleichzeitig zwei verschiedene Typen zu beobachten, haben Menschen zum Teil seltsame Ideen in bezug auf den solaren Typ entwickelt.

Manche Menschen werden Ihnen erzählen, daß in allen Körpertypen etwas Solares steckt, wenn auch nur sehr wenig. Diese Beobachter messen die solare Qualität mit einem scheinbar perfekten geistigen Sensor in Prozentwerten. Andere wiederum behaupten, daß der solare Typ ein klar abgegrenzter Typ ist, der sich nicht mit anderen vermischt. Der solare Typ ist für sie ein Kind von einem anderen Stern, in dessen Vornehmheit sich eine höhere Welt spiegelt. Diese Menschen haben große Ehrfurcht vor dem solaren Typ und lassen sich noch nicht einmal dann davon abbringen, wenn ihr Liebling anspruchsvoll wird.

Sorgfältige Beobachtung ist nötig

Man sollte besser sorgfältig arbeiten und Schritt für Schritt vorgehen. Lernen Sie die anderen sechs Körpertypen gut kennen, und behalten Sie den solaren Typ sozusagen auf Abruf im Hinterkopf. Sie werden sich dadurch viele Dinge erklären können, die anders nicht zu begreifen sind. Wenn Sie wirklich daran interessiert sind, die Typen zu verstehen, sollten Sie geduldig sein. Seien Sie auf eine plötzliche Erkenntnis vorbereitet, auf den

Schock, den Sie bekommen werden, wenn Sie wirklich einen Typ wahrnehmen.

Beim Studium der Typen ist es notwendig, geistig offen und achtsam zu bleiben. Ganz besonders trifft dies auf das Studium des solaren Typs zu. Solare Menschen werden Sie verzaubern und betören, vielleicht werden sie Sie auch ärgern und zur Raserei bringen, niemals aber werden sie Sie langweilen.

Solare Menschen laden uns energetisch auf

Solare Menschen laden uns energetisch auf, ja sie blenden uns sogar. Sie lassen uns aufleben und erfüllen uns mit nervöser Erregung. Solare Menschen scheinen keine spezielle Funktion in uns zu repräsentieren, sondern erhöhen und erweitern statt dessen unsere Empfänglichkeit für eine ganz neue Bandbreite von Eindrücken. Wir sind schneller, wenn wir mit ihnen zusammen sind. Diese Energie erklärt die meisten Charaktereigenschaften des solaren Typs und auch die Wirkungen, die er auf andere Menschen hat.

Körperliche Beschreibung

Sie haben eine helle Haut, bezaubernde, weit auseinander liegende Augen und befinden sich auf einer höheren Schwingungsebene als die meisten von uns. Sie können die Atmosphäre um sich herum elektrisch aufladen und eine hoffnungsvolle Stimmung verbreiten. Sie sind brillante Unterhaltungskünstler, und ihr Stück prickelt vor Intensität. Wir sind allein von ihrer Energie eine ganze Zeitlang hingerissen. Der solare Typ besitzt die besondere Form der Anziehungskraft, den persönlichen Magnetismus, den man Charisma nennt. Wir fühlen uns zu ihnen hingezogen, bleiben jedoch unter Umständen nicht lange. Es ist viel zu schwierig, mit ihrer Geschwindigkeit und mit ihren flatterhaften Gedanken Schritt zu halten.

Wenn solare Menschen aktiv sind, sind sie wie Kinder, deren Absichten und moralischen Einstellungen auf die Erwachsenenebene transformiert wurden. Sie sind ruhelos, leicht von etwas gefesselt und veränderlich. Sie scheinen immer kurz davor zu stehen, zu lachen oder in Tränen auszubrechen.

Sie können wie Kinder sein

Solare Menschen haben die gleiche extreme Emotionalität wie Kinder, doch ist sie noch etwas intensiver. Ihre emotionalen Anfälle sind genauso tränenreich wie die eines Kindes, doch sind sie eleganter. Sie möchten genauso unbedingt ein Spielzeug, damit sie sich besser fühlen, doch ist das Spielzeug heutzutage eben ein Nerzmantel.

Solare Menschen sind genauso selbstvergessen wie Kinder. Man muß sie daran erinnern, daß es draußen kalt ist, sonst würde ihnen gar nicht auffallen, daß sie gerade ohne Mantel im Schneesturm spazieren gehen wollten. Sie lassen Mahlzeiten aus, ohne sich weiter Gedanken darum zu machen, und wenn sie sich schwach fühlen, schieben sie es auf die aufregende Zeit, die sie durchlebt haben. Sie sind zart gebaut und anfällig für alle möglichen Krankheiten und Gebrechen. Sie machen den gleichen schutzlosen und unfertigen Eindruck wie andere Kinder, die wir kennen.

Sie leben in einer Phantasiewelt

Wie Kinder lieben solare Menschen die Welt der Phantasie. Aber es kann auch sein, daß sie sich noch als Erwachsene der Brutalität des Lebens nicht bewußt sind. Sie leben in einer schwarzweißen Welt, in einer märchenhaften Welt von Gut und Böse. Ihr Leben ist romantisch und voller Dramatik. Sie wissen, daß es in dieser Welt schreckliche Drachen gibt, die im dunklen Wald umherschleichen, und zweifeln nicht daran, daß ein junger Prinz kommen wird, der seine atemlose, in Ohnmacht fallende Prinzessin gerade noch rechtzeitig rettet.

Ihre Träume halten diese romantische Welt aufrecht. Wenn sie von der scheinbar zufälligen Ungerechtigkeit und der grundlosen Gewalt unserer Welt durcheinander sind, beruhigen sich solare Menschen, indem sie in ihre Träume flüchten. Sie lassen in ihrer Traumwelt das Reine und Gute entstehen und erbauen sich daran. Dann scheinen sie in der Lage zu sein, über die Härte, das Demütigende und das Blutige in der Welt hinwegzusehen.

Ein kreativer Typ

Solare Menschen bringen nicht nur Phantasien hervor. Ihre Kreativität zeigt sich auch in Theaterstücken und beim Schauspielen. Ihre Kreativität und ihr Charisma macht aus ihnen begnadete Sänger und Unterhaltungskünstler, die in den Traumfabriken unserer Welt zu finden sind. Sie sind die einfühlsamen Poeten und die Künstler, die über eine feine und seltene Visionsgabe verfügen.

Aufgrund ihrer aktiven Vorstellungskraft kleiden sich solare Menschen stets sehr wirkungsvoll oder so, daß zu erkennen ist, welche Rolle sie heute spielen. In einer Gruppe fallen sie durch ihre leuchtende Ausstrahlung auf und wirken mutig, wobei ihre vibrierende Energie noch durch ihre Gewohnheit verstärkt wird, knallige Farben zu tragen. Sie ziehen es vor, luftig und ätherisch oder schockierend auszusehen, und wenn sie nicht ganz in Rüschen kommen und sehr weiblich wirken, tragen sie meist auffällige rot-schwarze Kombinationen.

Sie ragen aus einer Menge heraus

Es ist kaum möglich, solare Menschen zu übersehen. Sie sehen so auffällig zart aus, und empfinden es als das Natürlichste in der Welt, daß man sich um sie kümmert und sie bewundert. Sie sind Treibhauspflanzen, die eingehen, wenn sie nicht in der Wärme Ihrer Aufmerksamkeit baden können, und glauben, daß etwas nicht in Ordnung ist, wenn Sie sie auch nur für einen Moment allein lassen. Ihre Kritik können sie nicht gebrauchen, sei sie noch so konstruktiv - sie sehnen sich vielmehr nach Ihrer Bewunderung.

Wir, die wir so leicht von ihnen gefesselt sind, wundern uns, warum sie ständig nach der Krücke unserer Bestätigung greifen. Wissen sie denn nicht, wie sehr wir sie beneiden? Oder daß wir in ihnen den idealen Prinzen oder die Prinzessin sehen, von denen wir als Kinder immer geträumt haben? Doch ihr Hunger nach Bestätigung ist unersättlich. Sie werden es nie schaffen, durch unsere Schmeicheleien die Selbstsicherheit zu entwickeln, die sie brauchen.

Man könnte sagen, daß solare Menschen zu leicht zufriedenzustellen sind und sie nicht nach einem tiefen oder tiefsinnigen Verständnis suchen, sondern eine oberflächliche Version haben wollen, die sie sich selbst immer wieder in einem überzeugten und bekräftigenden Tonfall vorsagen können. Der Schnitt und die Farbe eines neuen Kleides reichen aus, um ihre scheinbar tiefsten Gefühle zu entfachen. Sie lassen sich völlig von Eindrücken hinreißen, von der Form und der Verarbeitung einer Sache. Wenn man dem solaren Typ gegenüber zu ernst wird, sinkt seine Stimmung. Er wundert sich, warum Sie nicht fröhlich sind, und wartet vielleicht auch nicht lange darauf, daß Sie es werden. Solaren Menschen macht ihr Leben mehr Spaß, wenn sie jemanden haben, mit dem sie spielen können.

Solare Männer und solare Frauen

Man kann solare Frauen manchmal in Gruppen beobachten, wo sie mit ihren schlaksigen Gliedmaßen und einer Aufmachung, die die Blicke anderer einfach auf sich ziehen muß, wie Oberschul-Ballerinas zwitschern und schnattern. Sie reden vom Einkaufen oder erzählen sich in gewissen Kreisen mit zitternder Stimme auch gegenseitig Märchen oder die Geschichten ihrer Lieblingsopern.

Solare Männer sind hager und bleich, mit hochstehender Stirn und hellen, fiebrig aussehenden Stellen auf ihren opalen Wangen. Sie sind romantische Poeten oder Tänzer, die ihr Publikum mit elektrisierenden Sprüngen und glühenden Blicken in den Bann ziehen. Als Matinee-Idole und Cabaret-Sänger begeistern sie ihr Publikum und stampfen ihre in Pikee gestiefelten Füße.

Viele von uns würden den meisten Menschen nicht vertrauen, die der solare Typ anzieht. Doch leistet er denjenigen, die sich um ihn scharen, keinerlei Widerstand und macht auch keinen Unterschied zwischen den guten und schlechten Ratschlägen, die man ihm erteilt. Die Folge ist oft, daß er verführerischen Managern, schäbigen Agenten und kriminellen Rechtsanwälten zum Opfer fällt.

Die Gier des solaren Menschen

Ein Rest jugendlicher Gier bleibt in ihrer Persönlichkeit haften und läßt solare Menschen verschlagen und vorsichtig werden. Sie machen sich eine ganze Menge Sorgen darum, ob sie auch genug vom Kuchen abbekommen werden. Diese Anspannung kann sie aufdringlich oder sogar unhöflich machen. Sie glauben, daß man ihretwegen Ausnahmen machen müßte. Denn schließlich sind sie ja etwas Besonderes. Wissen Sie denn nicht, daß sie besonders behandelt werden müssen und daß andere sich darum reißen, sich um sie kümmern zu dürfen? Der solare Typ geht davon aus, daß er die soziale Leiter aufsteigen wird, und hat auch nichts gegen das Ellenbogenverhalten, das erforderlich ist, um nach oben zu kommen. Bei Mahlzeiten können sich sogar normalerweise ruhige und zurückhaltende solare Menschen gnadenlos auf das Essen stürzen und große Mengen von Nahrung verschlingen, um ihre pulsierende Maschine mit Brennstoff zu versorgen.

Der solare Typ übt eine kindliche Form von Kontrolle aus und versucht, Sie mit Tricks oder Charme dazu zu bringen, ihm zu helfen. Seine Versuche, Sie zu überreden, sind jedoch häufig so offensichtlich, daß Sie genauso gut amüsiert wie gereizt reagieren könnten. Man nimmt ihm seine Intrigen oder seinen Erfolg nicht übel, und obwohl er sehr ungangbare Methoden hat, hält er doch an seinen vielen Freunden fest. Solare Menschen nehmen Ziele in Angriff, die mit ihrem rosaroten Gerechtigkeitssinn übereinstimmen, und es könnte sein, daß sie die Opfer, um die sie sich kümmern werden, danach aussuchen, wer ihrer Meinung nach am niedlichsten aussieht.

Solare Menschen führen ein seltsames und aufreibendes Leben. Sie sind ruhelos und anfällig und lassen sich vom Sog ihrer Leidenschaften und den Anforderungen ihrer Bewunderer mitreißen. Begehrlich und zerbrechlich hasten sie durch ihr Leben, so daß es durchaus sein kann, daß sie sich bereits in jungen Jahren verausgaben. Sie scheinen nicht dafür geschaffen zu sein, ein ganzes mühevolles Leben durchzuhalten oder ein hohes Alter zu erreichen.

Der solare Typ in der Kunst

Die farbigen, dynamischen Persönlichkeiten in der Kunst und in der Oper sind häufig solare Menschen. Da gibt es den brillanten Renaissance-Maler und Farbkünstler Raphael Sanzio, auf dessen Leinwänden sich die perfekte Form mit einer ätherischen Ausstrahlung verbindet - beides Elemente, die mit dem solaren

Typ zusammenhängen. Die extreme Empfindsamkeit und die romantische Ader in der Poesie von John Keats und Percy Shelles, ihre tragischen Leben und der frühe Tod von beiden sind Anzeichen für den solaren Typ.

Dann gibt es die leidenschaftliche Violetta Valery aus Guiseppe Verdis Oper La Traviata. Sie besitzt alle Merkmale des solaren Typs: mesmerisierende Schönheit und gesellschaftliche

 Schläue. Sie hat brillante Freunde, viele stürmische Affären und lebt ein opulentes Leben, in dem sie sich ganz dem Spiel hingegeben hat. Die tragische Handlung der Geschichte hängt sich an ihrer romantischen Hingabe an eine Phantasiewelt auf, die nach und nach - wie es eben kommen muß - auf die Anforderungen einer ungerechten und politischen Welt prallt. Sie stirbt am Ende aufgrund ihrer zartbesaiteten körperlichen Verfassung eines frühen, dramatischen aber auch romantischen Todes.

Solare Anziehungskräfte

Der solare Typ ist ein positiver Typ, was er mit seinem Idealismus und seinem Optimismus unter Beweis stellt. An seiner überfließenden Energie ist auch zu erkennen, daß er ein aktiver Typ ist. Aber ganz im Gegensatz zu den anderen schränken diese Wesenszüge nicht die Art der Menschen ein, die er anzieht, oder von denen er angezogen wird. Seine Magie wirkt auf alle Menschen, und er ist für alle gleichermaßen anziehend. Wir haben zwar die aktiven Typen mit männlicher Energie gleichgesetzt und die passiven Typen mit weiblicher Energie und haben dadurch Schlüssel in die Hand bekommen, um deren Antrieb besser zu verstehen, doch können wir beim solaren Typ nicht die gleichen Verbindungen herstellen.

Dieser Typ scheint weder besonders männlich noch besonders weiblich zu sein. Er trägt statt dessen zu jedem Typ, mit dem er sich verbindet, etwas bei, und zwar mit unvorhersehbaren Wirkungen. Der solare Einfluß kann eine Frau mit wesentlich mehr Nonchalance ausstatten oder ihren Ehrgeiz anstacheln - ist das männlich oder weiblich?Nur in seltenen Fällen wird der solare Einfluß die Männlichkeit eines Mannes noch stärker ausprägen. Viel häufiger bekommt ihre Körperchemie dadurch ein Beben oder eine Schwingung, die unfehlbar weiblich ist. Aus diesen Männern entwickeln sich gern Dichter, die unter Umständen nicht die nötige Kraft besitzen, um an den männlichen Künsten des Krieges oder der Eroberung teilzunehmen. Sie gehören nicht in die Arena, und ihre anfällige Gesundheit unterminiert ihr Verlangen nach Ruhm.

Die solare Energie bringt den Stoffwechsel der Menschen, bei denen sie auftritt, in Gang und produziert einen Energieüberschuß. Doch sind weder diese Energie noch die daraus resultierende Aktivität ausgesprochen männlich. Das sexuelle Verlangen solarer Menschen kann intensiv sein, entsprechende der Intensität, die seine Energie bei dem Rest seiner Funktionen hervorbringt. Vielleicht ist Sexualität für ihn eine Möglichkeit, die überschüssige Energie seines Körpers abzulassen, doch kann er auch manchmal sexuell neutral wirken. Vielleicht haben seine Anziehungskräfte mehr mit seiner Erregbarkeit und seinem Wunsch, Menschen um sich zu haben, zu tun als mit dem Verlangen des solaren Körpers.

Die äußere Erscheinung ist ihnen wichtig

Solare Menschen investieren viel Zeit in ihre Kleidung. Sie machen sich endlos zurecht und putzen sich gern heraus. Sie verbringen Hunderte von Stunden vor dem Spiegel und kontrollieren gerne beim Gehen in den Fenstern von Kaufhäusern, ob alles noch in Ordnung ist. Sie schauen sich so oft und so intensiv an, daß sie normalerweise gut gekleidet sind.

Sie wissen, wie sie ihre natürliche Schönheit und Anmut am besten zur Geltung bringen können, auch wenn sie dafür jegliche Bescheidenheit auf der Strecke lassen müssen. Solare Menschen sind so mit ihrer äußeren Erscheinung beschäftigt und ganz allgemein damit, wie Dinge aussehen, daß sie als Typ die Tendenz entwickeln können, sich zu sehr auf die äußere Erscheinung der Dinge zu verlassen.

Der solare Typ möchte einfache Lösungen, auch für die Probleme, bei denen einfache Lösungen nicht ausreichen. Wenn man ihm eine Überzeugung vorträgt, die aus wenigen Silben besteht, ist er versucht, sie so anzunehmen, ohne sich jemals Gedanken darüber zu machen, ob mehr dahinter steckt oder welche Auswirkungen sie haben wird. Komplizierte Argumente verwirren ihn und benebeln seinen Verstand. Er mag den Schatten nicht, den sie auf ihn werfen. Wenn man ihm ein kompliziertes Problem vorsetzt, wird er seine Augenbrauen zusammenziehen und in eine trübsinnige Trägheit versinken.

Glücklicherweise hält dieser Zustand nicht lange an. Man kann einen solaren Menschen tief verängstigt antreffen, doch erholt er sich schnell, und seine spielerische Ader kann durch fast jeden dunklen Augenblick wieder durchbrechen. Dann richtet er sich auf, zu jedem Streich bereit, seine Augen leuchten wieder, und seine Gesichtsfarbe kehrt zurück. Wenn ein neues Abenteuer in Sicht ist, werden alle Sorgen vergessen und die dunklen Wolken werden von der nächsten Runde fiebriger Aktivität vertrieben. Bald fliegt er schon wieder von Freund zu Freund durch das Zimmer und badet alle in seiner Ausstrahlung. Ein paar Sekunden lang blendet er uns mit seinem außerirdischen, wunderschönen Licht - und dann ist er verschwunden.

Allgemeine Ausrichtung
Aktiv-androgyn/Positiv

Psychologischer Überblick
Hauptmerkmale: Eitelkeit, Manipulation, Naivität
Keine spezielle *maximale Anziehung*
Keine spezielle *maximale Abstoßung*

Schlüsselbegriffe
hell, luftig, energetisch, elektrisch, fein, zum Untergang verurteilt, vibrierend, androgyn, manipulativ, kindisch, naiv, selbstzerstörerisch

Beispiele
Judy Garland, Prince, Madonna, Rudolph Nurejev, Liza Minelli, Michael Jackson, Imam

William Benhams Körperbeschreibung:
Der solare Typ ist ein gut aussehender und männlicher Typ. Er ist mittelgroß, liegt von der Größe her etwa zwischen Saturn und Jupiter und ist weder fleischig wie der joviale Typ noch hager wie der saturnale Typ. Er ist gut gebaut, muskulös und athletisch. Die Konturen des Körpers sind anmutig rund, und er ist leicht und beweglich. Er hat einen klaren Teint, eine helle, feine und straffe Haut und rosige Wangen. Die rosige Farbe ist ein Anzeichen für gute Gesundheit und daraus folgend für gutes Aussehen. Das Haar ist dick und lockig, von der Farbe her schwarz oder rotbraun und hat eine feine und seidige Qualität. Wenn der solare Typ einen Bart trägt, ist er ebenso voll und fein, wächst über das Kinn, über der Lippe und hoch in die Wangen hinein. Seine Stirn ist breit und voll, aber nicht hoch, seine Augen sind groß und mandelförmig. Sie sind meist braun oder blau und haben einen offenen und ehrlichen Ausdruck, der auch liebenswürdig und mitfühlend werden kann, wenn Emotionen ins Spiel kommen. Der hinter

ihnen verborgene brillante und lebendige Geist läßt sie funkeln. Seine Wangen sind fest und rund und weisen keine Vertiefungen auf. Die Nase ist gerade und wohlgeformt, die Nasenlöcher haben wunderschöne Proportionen, und beben empfindsam im Spiel der Emotionen, wie alle anderen stark gespannten Strukturen es auch tun. Der Mund besitzt anmutige Konturen, die geschwungenen Lippen sind beide etwa gleich groß und weder schmal noch groß und dick. Die Zähne haben eine angenehme Größe, sind stark, ebenmäßig und weiß und sitzen fest in gesundem, rotem Zahnfleisch. Das wohlgeformte Kinn ist rund und weder flüchtig noch hervorstehend, sondern zeigt eine ausgewogene Festigkeit. Die Ohren sind mittelgroß, wohlgeformt, rosa und liegen eng am Kopf an. Solare Menschen haben einen langen Hals, der muskulös und wohlgeformt ist, an dem jedoch weder Muskelstränge noch ein hervorstehender Adamsapfel zu sehen ist. Dieser Hals verbindet den wohlgeformten Kopf mit starken Schultern, die muskulös und anmutig sind. Die Brust ist voll und geräumig, erweitert sich beim Atmen gut und trägt damit unzweifelhaft zur Blutreinigung bei, woraus sich die rosige Farbe und ein gesunder Zustand ergibt. Die Stimme ist musikalisch, doch weder voll noch sehr tönend. Die unteren Gliedmaßen sind anmutig, muskulös, haben feine Proportionen und sind niemals dick. Die Füße sind mittelgroß, und der Spann ist sehr hoch, woraus sich ein federnder und elastischer Gang ergibt. Das ist ein besonderes Kennzeichen des solaren Typs. Dieser Typ ist ein Abbild der Gesundheit, wunderschöner Proportionen, Anmut und körperlicher Symmetrie, und dazu gehört zwangsläufig ein Geist, der ähnliche liebreizende Qualitäten und Eigenschaften besitzt. Der solare Typ ist - egal, wie man ihn betrachtet - brillant, voller Liebe für das Schöne, für Kunst, Formen und Farben.

Wohin sich der solare Typ entwickelt

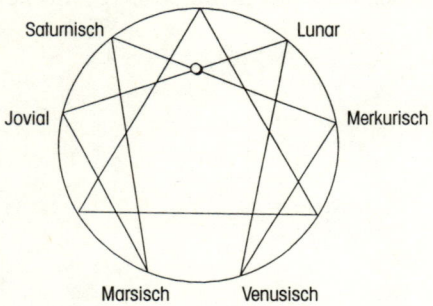

Der solare Typ kann sich mit jedem anderen Typ des Enneagramms verbinden. In jedem Fall fügt er etwas Eigenes hinzu und verändert den Typ entsprechend - manchmal mehr, manchmal weniger. Der saturnal-solare Typ zum Beispiel, könnte noch länger und dünner werden, als es der saturnale sowieso schon ist. Gleichzeitig verbindet sich sein großer Überblick mit Phantasie und Naivität statt mit pragmatischer Planung, wozu der „reine" saturnale Typ neigt. Ein weiteres Beispiel: der solarmarsische Typ ist so etwas wie eine extreme Mars-Version, die vor lauter Energie Funken sprüht und mit einer irrsinnigen Geschwindigkeit schwingt. In beiden Fällen sind die grundlegenden Eigenschaften des Typs intensiviert worden, statt daß die zusätzlichen solaren Qualitäten - was auch immer sie sein mögen - an deren Stelle getreten wären.

Es gibt keine uns bekannte Entwicklungsrichtung für den solaren Typ. Da er jedoch in der Regel mit den anderen Typen eine Verbindung eingeht, können wir auf die normale Weiterentwicklung der Typen im Enneagramm zurückgreifen, um Hinweise für eine progressive Entwicklung zu finden.

Am allermeisten sollte sich der solare Typ jedoch darum bemühen, ein realistisches Bild seiner selbst aufzubauen. Wenn er
das Element der Phantasie beseitigen könnte, das sich auch in
seinem Selbstbild niederschlägt, könnte er beginnen, seine so
reichlich vorhandene Energie für positive Zwecke einzusetzen.

Teil III

Ergänzende Informationen

Götter und Planeten

Obwohl wir nicht wissen, wann die Planeten die Namen der Hauptgötter der ältesten Religionen bekamen, sind ihre Namen doch seit Anbeginn der Zivilisation mit den Planeten verknüpft. Die Astrologie - das wissen wir - näherte sich, während sie aus ihren primitiven Anfängen heraustrat und sich immer mehr spezialisierte, auch den Religionen immer mehr an.

Diese frühen Religionen brachten ihrerseits verschiedene Mythologien hervor, die unsere Vorfahren in den Bereichen Literatur, Wissenschaft, Philosophie, Kunst und Erziehung anregten. Die Götter und Göttinnen, auf die man lange Zeit zurückgriff, um eine rätselhafte Welt zu erklären, verschmolzen mit der Zeit mit den Planeten, so daß Planet und Gottheit eins wurden.

Drei voneinander unabhängige Systeme

Innerhalb des Studiums der Körpertypen werden die Götter und ihre Planeten mit den Körpertypen und den Hormondrüsen in Verbindung gebracht. Dadurch können wir einiges von dem teilweise sehr alten Wissen von einem neuen Gesichtspunkt aus beleuchten. Durch die Verschmelzung der mythologischen Götter und der mittelalterlichen Alchemie mit moderner Astrologie und Endokrinologie können wir den Menschen auf ganz neue Art und Weise als Teil eines geordneten Systems verstehen lernen.

Beim Studium der Körpertypen führen uns unsere Untersuchungen in zwei Gebiete, und wir betrachten die Zusammenhänge von zwei Gesichtspunkten aus. Wir sehen jede einzelne Hormondrüse zum einen als Kontrollzentrum für eine spezielle Gruppe von biologischen Funktionen, zum anderen als integralen

Bestandteil eines vollständigen Systems von Funktionen. Auf die gleiche Art und Weise studieren wir auch die Götter und Göttinnen und versuchen, aus unseren Beobachtungen eine Idee der einzigartigen Funktion zu extrahieren, die jeder beziehungsweise jede von ihnen personifiziert, und gleichzeitig auch die Position zu bestimmen, die der jeweilige Gott beziehungsweise die Göttin im Pantheon der Götter einnimmt. Dazu gibt es auch Parallelen im Sonnensystem. Die einzelnen Planeten sind zwar sehr unterschiedlich, bilden zusammen jedoch ein in sich geschlossenes und harmonisches Ganzes.

Das sich aus unseren Beobachtungen ergebende Bild ermöglichtuns, nicht nur die Verbindungen zwischen den Drüsen, Göttern und Planeten aufzuzeigen, sondern auch diejenigen, die uns etwas über den Zustand der Menschen sagen. Das Muster, das diese Studiengebiete gemeinsam haben, erinnert auch an das Gefüge der menschlichen Gesellschaft. Doch auch wenn wir uns die Analogien zwischen diesen sehr verschiedenen Welten anschauen, können wir nicht erwarten, daß sich aus der Betrachtung der Hormondrüsen, der Götter oder Planeten ein einfaches und symmetrisches Bild ergibt - genauso wenig wie wir das von unseren Onkeln, Freunden oder Partnern erwarten können.

Das Universum

Die Planeten, die wir in Zusammenhang mit den Körpertypen betrachten, sind Sonne, Mond, Merkur, Venus, Mars, Jupiter und Saturn. Diese Himmelskörper konnte man schon immer mit bloßem Auge am Himmel beobachten. Sie spielen in unseren Mythen eine zentrale Rolle, und nach ihnen sind auch die Körpertypen benannt. Sie selbst gehören zu den wirbelnden Phänomenen des astronomischen Universums.

Wenn wir versuchen, das Universum zu beschreiben, stoßen wir auf ein sonderbares Phänomen: die Zahlen, mit denen wir es beschreiben, befinden sich außerhalb unseres Fassungsvermögens. Das Universum soll zum Beispiel etwa 13 Milliarden (13.000.000.000) Jahre alt sein. Versuchen Sie sich jetzt vorzustellen, wie alt es werden könnte. Es gelingt mir nicht, mir Zeiträume vorzustellen, wenn von Milliarden von Jahren die Rede ist, sondern eher das Gefühl, daß ich versuche, das Unfaßbare zu verstehen. Die unermeßlichen Größen machen es unserem Verstand unmöglich, sie wirklich zu begreifen.

Während sich das Universum ausdehnt - was es wohl tut -, dehnt sich vielleicht auch jeder Bruchteil des Raums und jeder Bruchteil der Zeit aus, wodurch sich auf kaum wahrnehmbare Art und Weise auch der Stoff verändert, den wir „Realität" nennen. Sogar wenn wir versuchen, die Objekte zu studieren, die sich im Universum tummeln - die größten von ihnen sind Galaxien -, stehen wir vor vielen Rätseln.

Galaxien sind die Bewohner des sichtbaren und energetischen Universums. Astronomen haben geschätzt, daß es ca. 100 Milliarden Galaxien gibt, von denen jede Milliarden von Sternen enthält. Diese Konglomerate aus Staub, Gasen und Sternen werden von ihrer eigenen Gravitationskraft zusammengehalten und gleichzeitig von den Fliehkräften ihrer Drehung durch den Raum auseinander gezogen.

Wir wissen nicht, welche Beziehung die einzelnen Galaxien zum Universum als Ganzes haben oder ob sie sich alle um das gleiche Zentrum drehen. Sie tauchen in Galaxienhaufen auf, in denen die einzelnen Galaxien jedoch noch klar voreinander abgegrenzt sind. Eine „typische" Galaxie ist eine Scheibe mit einem Durchmesser von etwa 100.000 Lichtjahren. Das bedeutet, daß ein Aufblitzen eines Sterns auf der einen Seite dieser Scheibe trotz der Lichtgeschwindigkeit, mit der es sich fortbewegt, ca. 100.000 Jahre benötigt, um zur anderen Seite der gleichen Galaxie zu gelangen.

Unsere Sonne

Unter den 100 Milliarden Sternen, aus denen unsere Galaxie - die Milchstraße - besteht, befindet sich unsere Sonne. Sie liegt ca. 30.000 Lichtjahre vom Zentrum der Galaxie entfernt und braucht 200 Millionen Jahre, um das galaktische Zentrum einmal zu umkreisen.

Der Stern, der unserer Planetenfamilie Licht spendet, könnte etwa 4,56 Milliarden Jahre alt sein. Während dieser Zeit hat die Sonne auf uns unbekannte Weise die Planeten erschaffen oder eingefangen, die nun ein in sich geschlossenes System von Satelliten bilden und die sie noch immer umkreisen. Die Astronomen und Physiker haben zwar eine ganze Menge über die Evolution von Sternen gelernt, doch tappen sie in bezug auf die Kräfte, die für diese Entwicklung verantwortlich sind, noch immer im dunkeln. Wir können nicht weit genug oder gut genug sehen, um die Gesetze und Prinzipien zu studieren, die mit diesem Prozeß zusammenhängen - sie liegen schlicht und einfach außerhalb unserer Reichweite.

Unsere Sonne generiert, wie alle anderen Sterne, unter enormer Hitze und enormen Druckverhältnissen - Zustände, die jenseits unseres Vorstellungsvermögens liegen - Energie. Nichtsdestoweniger haben Menschen das Licht und die Hitze mit dem Entwicklungsstand unseres Sterns in Verbindung gebracht und sehen vielleicht daher in der Sonne die Verkörperung unserer höchsten Funktionen: das Denken, Bewußtheit und Liebe.

Die Sonne ist eine erstaunliche Schöpfung. Der riesige Himmelskörper aus Gasen ist über hundertmal so groß wie die Erde. Ihr Volumen ist über einmillionenmal so hoch wie das der Erde, und sie besitzt 330.000mal die Masse der Erde, obwohl sie nur 1/4 der Dichte besitzt. Der glühende Kern der Sonne erreicht Temperaturen bis zu 20 Millionen Grad Celsius. Er enthält alle Elemente, die man auch auf der Erde finden kann. Fast die ganze Masse ihres Planetensystems, der Asteroiden, Satelliten, Kometen, Staubwolken und sonstigen Trümmer könnten tatsächlich innerhalb des leuchtenden Sonnenballs Platz finden.

Die Sonne wird oft Sol genannt und hieß früher vielleicht Uranus. Die Griechen nannten sie manchmal Hyperion, doch war sie in der Regel Apollo, der Sonnen-Gott.

Wie viele andere der griechischen Götter und ihrer römischen Pendants scheint Apollo in dem Schema der Typen keine Rolle zu spielen. Doch haben andere altertümliche Götter kulturelle und religiöse Qualitäten, die Parallelen zu den Qualitäten der Planeten aufweisen, die ihren Namen tragen. Die Götter und die Planeten zusammen besitzen geradezu unheimliche Ähnlichkeiten mit ihren Namensvettern unter den Körpertypen.

Der Mond

Selene fuhr den Wagen, der den Mond durch den Himmel trug. Für die alten Griechen war sie die Göttin des Mondes, und die Römer nannten sie Luna. Oft wurde sie im Zusammenhang mit Artemis erwähnt, einer frühen Schutzgöttin der Frauen, die dem von Menschen bebauten Land Fruchtbarkeit brachte und auch das nicht bestellte Land und die Wälder beherrschte.

Artemis war als die „Löwin der Frauen" bekannt. Sie war eine Jungfrau, die Göttin der Geburt, und sie tötete den Jäger Orion. Sie war die Tochter von Zeus und die Schwester von Apollo. Artemis war auch eine Jägerin. Skulpturen und Bilder zeigen sie oft in die Häute ihrer Jagdbeute gehüllt.

In späteren Zeiten wurden die Attribute von Artemis auf Diana übertragen, eine alte römische Waldgöttin, die ebenfalls die Göttin der Frauen und der Fruchtbarkeit war. Diana hatte ursprünglich keine klare Verbindung zum Mond, doch mit der Zeit verschmolzen Selene, Luna, Artemis und Diana zu einer Göttin. Heutzutage kommt uns meist Diana als die Jägerin und die Göttin des silbrigen Mondes in den Sinn. Diana war sowohl launisch als auch beharrlich. In diesen beiden Eigenschaften ähnelt sie dem irdischen Satelliten, der zwar launische Phasen hat, aber doch auch unser regelmäßiger und beständiger Begleiter ist.

Erde und Mond wurden manchmal als „Doppelplanet" bezeichnet. Im Vergleich zu anderen Monden in unserem Sonnensystem ist unser Mond wesentlich näher an seinem Mutterplaneten. Auch ist er im Verhältnis zu dem Planeten, den er umkreist, viel größer als andere.

Die Größe des Mondes verglichen mit der Erde und seine Entfernung von ihr sind auch von einem anderen Gesichtspunkt aus gesehen sehr bemerkenswert. Eine exakte, mathematische und seltsame Übereinstimmung findet jedes Mal dann statt, wenn er sich genau zwischen die Sonne und die Erde schiebt. Immer zu diesen Zeiten - man nennt sie auch Sonnenfinsternis - scheint die Mondscheibe genauso groß zu sein wie die Sonnenscheibe, so daß er die Sonne vollständig verdeckt, wenn er sich vor sie schiebt.

Während sogar die größten Satelliten von Jupiter und Saturn nicht einmal annähernd so groß sind wie ihr Mutterplanet, kommt unser Mond der Größe, der Dichte und dem Volumen der Erde viel näher. Der Mond ist zum Beispiel 1/4 so groß wie die Erde. Jupiters Ganymed, einer der größten Monde im Sonnensystem, ist kaum ein 1/30 so groß wie Jupiter selbst.

Unser Mond bewegt sich in einer elliptischen Umlaufbahn im Abstand von ca. 400.000 km um die Erde. Er ist so abhängig geworden von von ihr, daß sich seine Rotation um sich selbst der Rotation der Erde angepaßt hat. Aufgrund dieser identischen Bewegungen zeigt der Mond uns auf der Erde auf seiner Reise durch den Himmel stets die gleiche Seite.

Obwohl der Mond sich dadurch seine geheimnisvolle Aura bewahrt, daß eine seiner Seiten auf ewig verborgen bleibt, beeinflußt er uns während all seiner Phasen. Während er ab- und zunimmt, erfaßt uns seine Anziehungskraft und läßt uns wieder los, genauso wie er die Meere anzieht und wieder freiläßt, wodurch er jeden Monat Springfluten und Nippfluten verursacht.

Der Mond scheint auch den menschlichen Körper zu beeinflussen, der fast genauso wässerig ist wie die Meere. Das zeigt sich in dem Menstruationszyklus der Frau und darin, daß er jeden Monat angeblich viele Leute zu verrückten oder gewalttätigen Taten treibt.

Der Mond könnte einen eisernen Kern haben, aber er hat nur ein schwaches magnetisches Feld, keine Atmosphäre und kein Wetter. Da ihm der Schutz einer gasförmigen Atmosphäre fehlt, leistet er dem Staub, den Trümmern und den vorüberziehenden Protonen und Elektronen der ihn bombardierenden solaren Winde keinen Widerstand. Auf dem Mond gibt es kein Wasser und keine Lebensformen.

Einige sehen in dem Mond ein Kind der Erde, einige ihren Gefangenen. In jedem Fall ist er unser beständiger Begleiter und in vielen seiner Bewegungen vorhersagbar. Da er so viel von dem Sonnenlicht reflektiert, brachten ihn die Römer mit Jupiter, ihrem frühen Himmelsgott in Verbindung, den sie bei Vollmond anbeteten. Die Helligkeit des Vollmondes ergab zusammen mit dem Sonnenlicht in jedem Monat eine Zeit der intensivsten Lichteinstrahlung.

Der Mensch hat seit jeher die außerirdische Kühle des Mondes mit den geheimen leisen Stimmen seiner eigenen dunklen Gedanken in Verbindung gebracht. Er scheint geheime Pläne zu befürworten, Verrücktheit und einen schattenhaften Schlaf, wie den von Endymion, Selenes Liebhaber, zu fördern. Die enge Beziehung des Mondes zum magnetischen Feld und zum Gravitationsfeld der Erde läßt ihn unser Partner sein. Vielleicht sammelt er die Energie der Erde und verteilt sie im Raum. Vielleicht beeinflußt er die Erde auf eine Art und Weise, die wir bis jetzt noch nicht entdeckt haben. Erde und Mond haben gewiß eine ganz besondere, einzigartige Beziehung zu einander.

Venus

Zeus hat nicht nur Artemis, sondern auch andere Gottheiten zum Pantheon der Götter beigetragen, zum Beispiel Aphrodite, seine Tochter. Sie wurde über Jahrhunderte hinweg als Göttin der Schönheit, der Fruchtbarkeit und der Liebe verehrt. Sie wurde vom Meer großgezogen, liebte den Krieger Ares und brachte Aeneas zur Welt, nachdem sie eine sexuelle Begegnung mit dem menschlichen Anchises gehabt hatte. Sie setzte sich für Anchises Stamm ein - die Trojaner - und stellte sich in dem epischen Krieg gegen die Athener auf deren Seite, was von Homer wunderbar nacherzählt wurde.

Aphrodite stand für Sexualität und Liebe. Gelegentlich arbeiteten Prostituierte in ihren Tempeln - vielleicht aufgrund einer übermäßig wörtlichen Auffassung ihrer Rolle in der Kunst der Liebe. Die Myrte und die Taube waren Aphrodite heilig. Sie war die Göttin des Meeres, aus dem sie geboren war, und darüber hinaus auch die Göttin der Seefahrer. Mit der Zeit übertrugen sich Aphrodites Qualitäten auf die Venus, eine bis dahin obskure römische Fruchtbarkeitsgöttin, die über die gesamte Pflanzenwelt herrschte.

Durch die gesamte Geschichte hinweg haben Künstler einige ihrer Lieblingsthemen der oftmals unverhohlenen Sexualität der Venus und den Liebeskämpfen, die sie mit Mars geführt hat, entnommen. Die Dichter sahen in ihrer Sexualität ein Anzeichen kreativer Energie und Fortpflanzungskräfte und haben sie mit einer universellen Kraft verglichen, von der die gesamte Natur durchdrungen ist. Sie wird von dem uns nächsten Planeten repräsentiert, der am hellsten am Firmament leuchtet und der der Erde am ähnlichsten ist.

Die völlig runde und weiße Venus ist bis auf Merkur der Sonne näher als alle anderen Planeten und hat die rundeste Umlaufbahn von allen. Die Chinesen nannten diesen Planeten Tai-pe, „wunderschöne Weiße". Bei den Babyloniern hieß er Ishtar, „helle

Fackel des Himmels". Die weiche, perlmuttartige Erscheinung der Venus kommt von dem Sonnenlicht, das ihre dichten Wolkenschichten reflektieren, die sie auch vor der Erde verbergen.

Es mag Zeiten gegeben haben, in denen es auf der Venus Ozeane gab. Wenn das so war, sind sie aufgrund der zunehmenden Hitze der Sonne verkocht, wodurch der Planet in Wasserdampf gehüllt wurde. Jetzt ähnelt er einem riesigen Super-Treibhaus. Die Atmosphäre, eine ca. 80 km hohe Schicht aus Dunstwolken, bedeckt einen Planeten, auf dem die „Luft" einen Druck ausübt, der ca. 90mal so hoch ist wie der Luftdruck auf der Erde. Die Oberfläche ist übersät mit Steinen, Felsblöcken und schieferähnlichen Steinen. Obwohl die Venus etwa die gleiche Dichte besitzt wie die Erde, ist ihr Magnetfeld - was sozusagen das elektromagnetische Erkennungszeichen eines Planeten ist - sehr schwach.

Zeit ist eigenartig auf der Venus. Nicht so sehr wegen des venusischen Jahrs: die Venus braucht ca. 225 Tage, um einmal die Sonne zu umrunden, während die Erde 365 Tage benötigt. Nein, die Eigendrehung der Venus, die für Tag und Nacht auf der Oberfläche des Planeten zuständig ist, ist so langsam.

Die Venus, die sich im Verhältnis zu den anderen Planeten tatsächlich genau in die andere Richtung dreht, benötigt über 20 Tage, um sich einmal vollständig um sich selbst zu drehen.

Die sehr heiße und sehr langsame Venus badet viel intensiver in der solaren Ausstrahlung als wir. Sie ist schön und gelassen und verheimlicht uns ihre spätnächtlichen Absichten. Man kann die Venus nie die ganze Nacht über beobachten, da sie sich in den Winkeln unserer Umlaufbahn verliert. In vielerlei Hinsicht bleibt sie ein schmachtendes, reizendes und undurchdringliches Geheimnis.

Merkur

Der Phallus war das charakteristische Erkennungszeichen von Hermes, dem jüngsten Kind des Olymp. Während seine einfache Herkunft in diesem Fruchtbarkeitszeichen erkennbar ist, ist seine Schläue für alle offensichtlich. Am ersten Tag seines Lebens erfand Hermes die Leier, beraubte seinen Bruder Apollo und versöhnte sich anschließend wieder mit ihm - er lernte schnell. Er war der Bote der Götter, besonders seines Vaters, Zeus, und trug deren Symbol bei seinen Botengängen mit sich: den Caduceus.

Hermes war in der Welt des Altertums aufgrund von einfachen, Herms genannten Steinsäulen weit bekannt. Oben auf der Säule war der Kopf eines jungen Mannes mit lockigen Haaren zu sehen, der manchmal einen geflügelten Helm aufhatte. Hin und wieder stand etwa auf mittlerer Höhe der Säule ein riesengroßer, erigierter Penis hervor.

Mercurius, der römische Gott der Händler und der Reisenden, wurde mit der Zeit mit Hermes in Verbindung gebracht und nahm seine Wesenszüge an. Er wurde der Gott der Diebe, der Redekünste und der Gott athletischer, junger Männer. Hermes war auch der Patron der Literatur. Seine mysteriöseste Rolle bestand darin, die Seelen auf ihrer Reise nach dem Tode zu begleiten. In dieser Funktion trägt er den Zauberstab des Geisterbeschwörers.

Merkur interessierte sich kaum für Moral oder Philosophie und fast überhaupt nicht für bürgerliche Verantwortung. Seine Gedanken drehten sich nur um ihn selbst. Er bewegte sich genauso außerhalb moralischer Kategorien wie ein Kind, das ganz in seine eigene Welt eingetaucht ist. Vielleicht war es die unerreichbare Geschwindigkeit des Boten, die gleiche Geschwindigkeit, die dem merkurischen Typ zu eigen ist, die ihn mit dem schnellsten der Planeten in Verbindung gebracht hat.

Durch Merkurs Nähe zur Sonne sieht es so aus, als sei er ein

Kind, das seiner Mutter oder seinem Vater im Himmel hinterhertrottet. Aus diesem Grund ist Merkur auch so schwer zu beobachten. Normalerweise können wir ihn nur vor dem Hintergrund der glühenden Sonne betrachten. Nur wenn nicht mehr als ein Streifen von ihm zu sehen ist, also in seiner sichelförmigen Phase, schiebt er sich vor die Sonne. In seiner vollen Phase befindet er sich hinter ihr. Da er immer sehr nah bei der Sonne ist, wenn er überhaupt zu sehen ist, können wir den Merkur nie klar und deutlich vor einem dunklen Hintergrund sehen. Er ist überhaupt nur für flüchtige Augenblicke beobachtbar - und auch dann ist er teilweise verdeckt.

Die stark von Kratern überzogene Oberfläche des Merkurs wird ständig von solarer Strahlung und von intensiven solaren Winden bombardiert. Da er keine Atmosphäre hat, sind seine Temperaturen extrem. Sie reichen von minus 180 bis plus 330 Grad Celsius. Man glaubt, daß der größte Teil des merkurischen Magnetfeldes von der intensiven Bestrahlung der Sonne hinweggeweht wurde. Jetzt ist es nur etwa ein Hundertstel so stark wie das Magnetfeld der Erde.

Seine Größe beträgt ein Drittel der Größe der Erde, doch hat er 95 % weniger Masse. Merkur bewegt sich in nur 88 Erdentagen einmal um die Sonne, was ein ganzes Merkurjahr ergibt. Bis auf Pluto ist seine Umlaufbahn die exzentrischste von allen Planeten in unserem Sonnensystem. Sowohl die Evolution als auch der Aufbau und die Zusammensetzung des Planeten sind uns unbekannt. Merkur ist so schwierig zu beobachten, daß wir weitere Untersuchungen abwarten müssen, um in die Geheimnisse dieses heißen, unberechenbaren und unfruchtbaren Planeten vordringen zu können.

Saturn

Eine der perversesten Geschichten in der Mythologie ist die Geschichte vom Anbeginn der Welt und vom Aufstieg der Götter, wie sie von den Griechen erzählt wird. In dieser Geschichte kastriert Kronos, der jüngste Sohn von Himmel und Erde und der Anführer der Titanen, der Götter, seinen Vater auf geheiß seiner Mutter. Sie wollte dadurch verhindern, daß er noch weitere Konkurrenten hervorbrachte.

Dann heiratete Kronos seine Schwester Rhea und zeugte mit ihr Kinder, die später die olympischen Götter wurden: Hestia; Demeter, die wichtigste Figur in den Eleusischen Mysterien; Hera, die olympische Königin; Hades, den Gott der Unterwelt; Poseidon, den Herrscher der Meere; und Zeus.

Kronos, der sich noch immer unerwünschter Konkurrenz entledigte, wurde seinem bösartigen Ruf weiterhin gerecht, indem er bis auf Zeus all diese Kinder auffraß. Zeus wurde von seiner Mutter aus der Reichweite von Kronos geschmuggelt. Rhea schaffte es anschließend jedoch, Kronos dazu zu bewegen, ihre anderen Kinder auch wieder von sich zu geben, die dann, angeführt von Zeus, ihren Vater besiegten und von ihrem Wohnsitz aus, dem Berg Olymp, über Himmel und Erde regierten.

Diese Geschichte der sich bekriegenden Götter und der kosmischen Ereignisse, die sich um Kronos drehen, sind in die Eigenschaften des römischen Gottes, Saturnus, eingeflossen. Er war der Gott der Ernte, zu dessen Ehren auch im Dezember das fröhlichste Fest des Jahres gefeiert wurde.

Saturnus herrschte über die Samen und ihr Aussäen. Nach dem Niedergang der Titanen kam er nach Italien, um den Einheimischen Ackerbau beizubringen und sie dadurch zu zivilisieren. Als sie den unangenehmen Kronos mit ihrem eigenen alten Gott Saturnus zusammenbrachten, vereinten die lateinischen Mythenschreiber die großartigsten Aspekte der beiden Gottheiten. Daher trägt auch der grandioseste Planet unseres Sonnensystems diesen Namen.

Saturn, der ca. zehnmal so weit von der Sonne entfernt ist wie die Erde, ist der letzte der inneren Planeten. Er befindet sich an der Grenze zu den unermeßlichen Weiten, die sich vom Zentrum des Sonnensystems bis hin zu Uranus, Neptun und Pluto erstrekken. Nur Jupiter ist noch größer als Saturn, der sich durch den langen Schwanz des unvorstellbar großen jovialen Magnetfeldes hindurch bewegt und vielleicht auch davon beeinflußt wird. Seine Masse beträgt etwa hundertmal so viel wie die Masse der Erde und wird auch in diesem Bereich nur von Jupiter übertroffen. Vom Volumen her könnte Saturn 700 Planeten von der Größe der Erde in sich unterbringen.

Saturn, der gigantische Riese aus Gas, scheint wie Jupiter im wesentlichen aus Wasserstoff und Helium zu bestehen, doch ist das Mischungsverhältnis bei Jupiter ein anderes. Über der saturnischen Atmosphäre liegt ein stiller Dunst, der vielfarbige Methanschichten, Ammoniak- und Schwefelwolken verdeckt. Saturn dreht sich mit einer unwahrscheinlichen Geschwindigkeit: sein Tag dauert kaum länger als zehn Stunden. Das Beeindrukkendste an Saturn, sein Wahrzeichen, ist das unglaubliche Ringsystem, das aus Eis und Gestein besteht und mehr als 80.000 km über die höchsten Wolken der saturnalen Atmosphäre hinausreicht.

Durch die Ringe des Saturn haben die Astronomen sehr viel über seine Satelliten erfahren. Wir kennen mehr als 20 Satelliten, die den Saturn umkreisen. Das ist die größte Ansammlung von Satelliten, die von einem Planeten in unserem Sonnensystem unterstützt wird. Die meisten von ihnen sind nicht viel mehr als gefrorene Steine. Titan, der größte von ihnen, ist der einzige Mond im Sonnensystem, der eine eigene Atmosphäre besitzt. Aufgrund von Beweisen, die die Ringe liefern, und der von ihm ausgehenden, periodischen Strahlung haben Astronomen die Schlußfolgerung gezogen, daß Saturn einem evolutionären Prozeß unterworfen ist. Diese Strahlungsemission findet mit einer seltsamen, metronomischen Regelmäßigkeit statt: ein radio-elektrischer Impuls pro Tag, genau mittags - Saturnzeit.

Saturn besitzt auch ein sehr starkes Magnetfeld, 1.000mal stärker als das der Erde, das vielleicht ein Nebenprodukt eines noch unbeobachteten energetischen Kreislaufes ist. Möglicherweise werden einige dieser uns bekannten Planeten eines Tages selbst Sterne und toben mit ihren eigenen Planetensystemen durch das Weltall. Es ist leicht vorstellbar, daß der majestätische, gewaltige Saturn eine dieser jungen Sonnen sein könnte.

Mars

Ein anderer Zweig, der von Zeus abstammt, ist Ares, der griechische Kriegsgott. Er war ein unansehnlicher Gott, der wie Hermes keine wesentlichen moralischen Eigenschaften besaß. Für die Menschen des Altertums stand Ares nicht einfach nur für die Kriege, die sie führten, um neue Gebiete zu erobern oder ihre Heimat zu verteidigen. Sie sahen in ihm all das Blutige und Brutale, das mit dem Krieg einhergeht.

Es war Ares, der gewalttätige Handlungen anzettelte, der sich stürmischen Liebesaffären hingab, der wilde, gewalttätige und wütende Söhne hervorbrachte und der fremde Feinde, wie zum Beispiel die Trojaner, unterstützte oder besonders kriegerische, wie die Amazonen. In der Regel war Aphrodite seine Gefährtin, und sie war es auch, die ihm zwei Söhne gebar. Er kümmerte sich auf dem Schlachtfeld nicht um richtig oder falsch und war auch bei denjenigen, die ihn anbeteten, als Gott nicht besonders beliebt.

Wegen seiner wilden Erscheinung und seinen mutigen Taten war es leicht, Ares mit Mars in Verbindung zu bringen, einen der ältesten römischen Gottheiten, dessen Macht nur noch von Jupiter übertroffen wurde. Ursprünglich umfaßte sein Bereich sowohl die Felder, auf denen Landwirtschaft betrieben wurde, als auch das Schlachtfeld, und auf beiden war es sein Bestreben, das Heimatland zu verteidigen.

Der Wolf, der seinem Sohn Romulus geholfen hatte, war dem Mars genauso heilig wie der Specht. In Rom wurden ihm zu Ehren viele Feste und Wettbewerbe abgehalten, und als das Reich militärischer wurde, wurde er auch der Landesgott.

Der Planet Mars ist ein würdiger Namensvetter. Mars funkelt leicht rötlich am Nachthimmel, und wir nennen ihn den zornigen Planeten. Seine Qualitäten spiegeln sich in diesem zornigen Aspekt des Mars und in seinem hitzigen Gemüt und seiner rötlichen Erscheinung wider.

Mars ist der erste Planet, der weiter von der Sonne entfernt ist als die Erde, und bis auf seine Gefährtin, die Venus, scheint er heller zu sein als alle anderen Planeten, die sich zwischen der Erde und der Sonne befinden. Mars umkreist die Sonne auf einer so exzentrischen und extremen Umlaufbahn, daß die Hitze, die ihn erreicht, bis zu 40 % zunimmt, wenn er der Sonne am nächsten ist. Sein Abstand von der Sonne ist ähnlichen Schwankungen unterworfen: er kommt bis zu 20 % näher an die Sonne heran beziehungsweise entfernt sich um bis zu 20 % von ihr während des Marsjahres, das 20 unserer Monate dauert.

Die Erde ist dreimal so groß wie der Mars, der die geringste Dichte von allen Planeten aufweist und ein sehr schwaches Magnetfeld hat, das mehr dem unseres Mondes ähnelt. Seine dünne Atmosphäre, die hauptsächlich aus Kohlendioxid besteht, erstreckt sich über ein chaotisches Gelände voller Sanddünen, eisigen Gesteinsbrocken, Schluchten, die zehnmal tiefer als der Grand Canyon sind, und gigantischen Vulkanen, die bis zu 28 km hoch sind. Aus dichten Wolken entstehen in dieser feindlichen Umgebung leicht Wirbelstürme, Vulkane brechen aus, und ein Erdrutsch nach dem anderen donnert durch die Berge. Hin und wieder ziehen die beeindruckendsten Stürme des Sonnensystems auf dem Mars auf, wobei Staubwolken über den Planeten wirbeln, die ihn monatelang verdunkeln.

224

Der offensichtliche Wechsel der Jahreszeiten auf dem Mars, die Markierungen, die wie Flußbetten oder Kanäle aussehen, und seine Nähe zur Erde haben in regelmäßigen Abständen zu Aufregung unter seinen Beobachtern geführt, doch sind keine eindeutigen Beweise für Leben zu erkennen. Seine einzigen beiden Monde sind zwei seltsame und unförmige Gesteinsbrocken, auf deren Oberfläche es genauso wenig Anzeichen für Leben gibt wie auf dem Mars. Sie wurden nach den Kindern des Kriegsgottes, Phobos und Deimos benannt, die gleichzeitig seine Wagenlenker waren. Die Namen passen sehr gut, denn übersetzt bedeuten sie Angst und Aufruhr.

Jupiter

In den Ackerbaugesellschaften schienen sowohl die Schwierigkeiten der Menschen als auch die Fülle der Ernte vom Himmel und seinem Wetter abzuhängen. In den primitiven Religionen untersteht der Himmel selbst normalerweise dem mächtigsten Gott des jeweiligen Pantheons. Bei den Griechen war Zeus derjenige, der all ihre früheren Himmelsgötter mit dem Krieger, der Kronos und die anderen Titanen besiegt und gefangengenommen hatte, in sich vereinte und der eine neue Herrschaft über die Erde gebracht hatte. Zeus wiederum wurde es zugeschrieben, eine ganze Heerschar der wichtigsten Götter des Olymp gezeugt zu haben: Athena, Artemis, Apollo, Ares und Dionysos, um einige von ihnen zu nennen. Er hatte viele Affären, und seine inzestuöse Ehe mit seiner Schwester Hera verlief oft stürmisch.

Nach dem Krieg, in dem die Titanen gestürzt wurden (was ganz wunderbar von Hesiod nacherzählt wurde), wurde die Herrschaft über die Erde dreigeteilt. Die Brüder von Zeus, Hades und Poseidon, herrschten über die Hölle und die Meere, während Zeus selbst die Macht über Himmel und Erde innehatte. Zeus ist ein alter Fruchtbarkeitsgott, der sich sowohl mit Göttinnen als auch Nymphen und Menschen vereinte, wobei er Charaktere hervorbrachte, die die verwickelte und inzestuöse Welt der griechischen Mythologie durchkreuzen. Zeus hütete die Familie und wurde in Verbindung mit fast allen Aspekten des griechischen Lebens verehrt.

Zeus herrschte über die sich streitende Gruppe von Göttern und Göttinnen eher mit Macht als mit Rechtschaffenheit. Trotzdem ist er der Hüter der Gesetze und des Königs und trotz seines schroffen Charakters auch der Beschützer der politischen Freiheit und der öffentlichen Moral. Er konnte sich in seiner Eigenschaft als Donnergott zeigen, wenn er Gutes belohnte oder Böses bestrafte. Die stoischen Philosophen erkannten in Zeus das Prinzip der zornigen Vernunft, die sie als die höchste im ganzen Universum betrachteten und von der sie annahmen, daß sie die gesamte Schöpfung durchdrang und belebte.

Als die griechischen Götter in den römischen Pantheon eingewoben wurden, verwandelte sich Zeus natürlich in Jupiter, der eigentlich ein alter römischer Himmelsgott war. Die Römer beteten Jupiter in Vollmondnächten an und machten ihn für das Wetter und für Gewitter verantwortlich. Jupiter hatte den Vorsitz, wenn Generäle ihre Triumphe feierten und war der Beschützer von Verträgen und Eiden. Er war der Sohn und der Bezwinger von Saturn, derjenige, der die Titanen gefangen genommen hatte, und hatte die römische Entsprechung zu Zeus Söhnen gezeugt. Die Anbetung des Jupiter entwickelte sich zu einem glitzernden Kult mit vielen Festen und Riten. Es paßt sehr gut, daß der gewaltigste aller Götter von dem gewaltigen, gasförmigen Riesen Jupiter, dem fünften Planeten, symbolisiert wird.

Neben der beringten Pracht des Saturn ist Jupiter der Planet, der für das Auge am beeindruckendsten ist. Er ist ein vielfarbiger Ball aus fließenden Winden und Gasen, die eine turbulente Bewegung in seine Atmosphäre aus Wasserstoff, Helium, Methan, Ammoniakgas und Ammoniakkristallen bringen. Uns unbekannte Kräfte haben unglaubliche atmosphärische Effekte hervorgebracht, unter anderem einen ovalen, roten Fleck, der etwa

50.000 km lang ist. Da Jupiter sich hauptsächlich aus Flüssigkeiten zusammensetzt, hat sich der gasförmige Himmelskörper durch seine schnelle Umdrehungsgeschwindigkeit an den Polen abgeflacht und ist dafür am Äquator etwas runder. Er dreht sich in 10 Stunden einmal um sich selbst.

Auf uns unbekannte Weise ist Jupiter während seiner Entwicklung zum bei weitem massivsten Planeten im Sonnen-system geworden. 2/3 der Masse aller Planeten, aller Monde, Ringe und Staubwolken gehört Jupiter. Er ist mehr als 300mal so massiv wie die Erde.

Jupiter ist von mindestens 16 Satelliten und einem schwachen Ringsystem umgeben. Einer dieser Satelliten, Ganymed, ist der größte Mond im ganzen Sonnensystem. Er ist etwas größer als Merkur. Die vier größten jovialen Monde sind so groß, daß Galileo in der Lage war, sie mit seinen einfachen Instrumenten aus dem 17. Jahrhundert zu entdecken. Der ausgiebig mit Kratern übersäte Callisto und der seltsam reflektierende Mond Europa sind auch sehr groß, doch die interessanteste Beziehung hat Jupiter zu dem Mond, der ihm am nächsten ist: dem rätselhaften Io.

Jupiter besitzt von allen Planeten das größte und stärkste Magnetfeld. Es bringt in einem sich scheinbar beschleunigenden Prozeß Energie hervor, während Jupiter selbst immer mehr an Dichte verliert. Er sendet intensive, schwankende Radiosignale aus und hat etwas hervorgebracht, was wie ein gigantischer Dynamo wirkt, bei dem Io eine zentrale Rolle spielt. Manchen Astronomen scheint Jupiter mit Io durch eine „Röhre" elektrischer Energie verbunden zu sein, die mit einer Energie pulsiert, die mit der 70fachen Energie der vollen Kapazitätsauslastung aller Energiekraftwerke hier auf der Erde pulsiert.

Ob dieser Mechanismus das komplexe Magnetfeld des Jupiters und seinen riesigen Strahlungsgürtel im Zaum hält, intensiviert oder reguliert, ist ungewiß, doch könnte er die elektromagnetische Strahlung beeinflussen, die der Planet erzeugt. Die Radiosignale, die er aussendet, dauern zwischen wenigen Minuten bis hin zu mehreren Stunden. Diese Signale sind manchmal ein Anzeichen dafür, daß große Mengen kosmischer Strahlung und eingefangener Teilchen explosionsartig und mit so einer Wucht aus dem jovialen Magnetfeld geschleudert werden, daß sie fast mit Lichtgeschwindigkeit fliegen.

Die faszinierendste Übereinstimmung in der Analogie zwischen Planeten und Menschen hängt mit diesen jovialen Kräften zusammen und mit den Veränderungen, die sie über enorme Zeiträume hinweg bewirken. Diese Veränderungen, die darauf hinzudeuten scheinen, daß Jupiter als Planet auf dem Weg ist, eine Sonne zu werden, sind parallel zu Veränderungen zu sehen, die auch in Menschen vor sich gehen können.

An dem Punkt, an dem sich Jupiter im Enneagramm befindet, kann der energetische Fluß der Typen, der seit endlosen Zeiten durch die festgelegten Punkte zirkuliert, sprunghaft eine ganz neue Ebene erreichen. Dann wird die Evolution Jupiters von einem Planeten zu einer Sonne zu einen Bild, in dem sich die Evolution des Menschen widerspiegelt. Dieses Bild deutet auf ein Entwicklungspotential des Menschen hin, das, wenn es verwirklicht würde, genauso neu und radikal wäre wie Jupiters Transformation. Es deutet auf die Möglichkeit hin, daß ein Mensch ein selbst-erzeugendes, -erleuchtendes und -energetisierendes Individuum werden könnte, ein Mensch, der wie Jupiter auf der Schwelle zu einer transzendentalen Wiedergeburt steht.

Hormondrüsen und menschliches Verhalten

Durch den ganzen Körper erstreckt sich ein Netzwerk von spezialisierten Drüsen, die einen Großteil unseres Verhaltens durch kleinste Mengen an Hormonen steuern, die sie als Botenstoffe in unser Blut schicken. Man nennt sie die endokrinen oder innersekretorischen Drüsen. Sie regulieren viele unserer grundlegenden physiologischen Vorgänge: Stoffwechsel, Wachstum, Fortpflanzung und die Erhaltung der inneren Umgebung des Körpers. Unser Überleben - sowohl als Individuum als auch als Spezies - ist vom einwandfreien Funktionieren dieser Drüsen abhängig.

Die Drüsen des endokrinen Systems sind der Hypophysenvorderlappen, der Hypophysenhinterlappen, der Hypothalamus, die Schilddrüsen, die Nebenschilddrüsen, die Nebennierenrinde (adrenaliner Cortex) und das Nebennierenmark (adrenalines Mark), die Langerhansschen Inseln in der Bauchspeicheldrüse, die weiblichen Eierstöcke und die männlichen Hoden, die Plazenta einer schwangeren Frau und die Zirbeldrüse, die sich im Gehirn direkt hinter der Hypophyse befindet. Das gesamte endokrine System ist ein komplexer Mechanismus, der auf der Tatsache beruht, daß die Hormone der einzelnen Drüsen häufig gegensätzliche Wirkungen erzeugen. Diese ihrer Arbeit innewohnende Gegensätzlichkeit versetzt sie in die Lage, viele Körperfunktionen auszubalancieren.

Die endokrinen Drüsen spielen in der Theorie der Körpertypen eine besondere Rolle. Einige von den mittelalterlichen Alchemisten erdachten Entsprechungen wurden entliehen, modifiziert und auf die endokrinen Drüsen angewandt. Dies führte zu der Annahme, daß jede dieser Drüsen ein Instrument ist, das auf die Frequenz eines speziellen Planeten eingestellt ist. Durch diese spezielle Empfindlichkeit verwandelt sich jede Drüse in eine Art idealer „Empfänger" für die Einflüsse, die scheinbar auf irgendeine unbekannte Art und Weise von dem entsprechenden Planeten „gesendet" werden.

Die medizinische Wissenschaft hat auch noch kein vollständiges Wissen über die endokrinen Drüsen. Obwohl die Wissenschaftler sie besser denn je erforschen und ihre Funktionen exakter denn je messen, haben diese Messungen bislang nur weitere Fragen aufgeworfen statt eindeutige Antworten. Sogar einige der Funktionen der Drüsen sind nach wie vor ein Rätsel.

Das endokrine System überwacht ständig die Konzentrationen der verschiedenen Hormone im Blut, während es zirkuliert. Wenn eine Unausgewogenheit eines Hormons auftaucht, wird dies von der entsprechenden Drüse wahrgenommen, die ihrerseits darauf reagiert.

In der Regel reagiert die Drüse so, daß sie eines ihrer eigenen Hormone ins Blut abgibt. Normalerweise fordert dieses Hormon den Körper auf, eine Substanz zu produzieren, durch die die Unausgewogenheit ausgeglichen wird. Endokrine Zellen produzieren Hormone, die vom Blut zu bestimmten „Ziel"-Zellen transportiert werden. Diese Hormone übertragen nicht nur die Botschaft der Drüse, sondern sie sind die Botschaft. Die Art und Weise, wie sie ihr Ziel finden, ist sehr erfinderisch.

Wie ein Schlüssel, der nur in ein ganz bestimmtes Schloß paßt, ist jede dieser Zellen dafür geschaffen, bei einer speziellen Zielzelle „anzudocken", die ihrerseits das genaue Gegenstück zu der Botenzelle ist. Durch diese meisterschaftliche Leistung im chemischen Ingenieurwesen beschleunigen, bremsen und erhalten die endokrinen Drüsen die Enzymaktivität in den Zielzellen. Es ist leicht einzusehen, warum es heißt, daß alle Körperfunktionen letztendlich auf zellulare Funktionen reduziert werden können.

Zellen

Es gibt ca. 300 Milliarden Zellen in unserem Körper. Um eine Vorstellung davon zu bekommen, aus wie vielen verschiedenen Zellen unser Körper besteht, lassen Sie uns einen Blick auf Ihren Arm werfen. Versuchen Sie sich ein kleines Quadrat auf Ihrem Arm vorzustellen, mit etwa 2,5 cm Seitenlänge.

Wenn Ihre Sehschärfe ausreiche, um die Zellen in dieser Parzelle des Ihnen vertrauten Besitzes zu begutachten, könnten Sie dort 500 Schweißdrüsen, über 1.000 Nervenenden, mehrere Meter Blutgefäße, fast 100 Fettdrüsen, 150 Sensoren zur Ermittlung von Druckverhältnissen, Hitze und Kälte sowie Millionen von Zellen wahrnehmen. Der Tropfen Blut, den Sie beim Rasieren vergießen, enthält ca. 5 Millionen rote Blutkörperchen.

Zellen sind die kleinsten individuellen Einheiten in Ihrem Körper. Sie sind in der Lage, sich selbst zu reproduzieren und dabei komplexe verschlüsselte Kodierungen weiterzugeben, die unser genetisches Erbe bestimmen. Sie bringen die kleinsten Bausteine des Körpers hervor, indem sie sich zu Gewebe zusammenballen und anschließend die Kontrolle über das Leben des Gewebes übernehmen, das aus ihnen selbst besteht. Zellen kommen in sehr unterschiedlichen Größen vor. Die größte Zellart ist das Ovum oder das weiblich Ei, das in menstruierenden Frauen heranwächst und ca. 1 mm groß ist. Die kleinsten Zellen sind nur etwa ein Tausendstel so groß.

Wie die Drüsen arbeiten

Um ihre Funktionen erfüllen zu können, ermitteln die endokrinen Drüsen ständig, was sich im Blut und der Flüssigkeit zwischen den Zellen befindet. Einige von ihnen regulieren den Nahrungsstoffwechsel und die Verfügbarkeit anderer wichtiger Stoffe im Körper. Andere wiederum bestimmen die Geschwindigkeit, mit der der Körper wächst und sich entwickelt. Wieder andere bestimmen unseren sexuellen Rhythmus und beeinflussen die spezialisierte Chemie und die Funktionen der Reproduktion. Endokrine Ausschüttungen steuern auch das elektrische Gleichgewicht im Körper, seine Temperatur und die Geschwindigkeit, mit der er Energie verbraucht.

Die Drüsen schaffen es irgendwie, all diese komplexen und verantwortungsvollen Aufgaben mit großer Zuverlässigkeit durchzuführen. Und sie tun dies während all der Veränderungen, die in jedem Augenblick stattfinden, wenn wir von einem Geisteszustand zum nächsten übergehen, von konzentrierter Aufmerksamkeit zu Überraschung und Ärger, zum Beispiel. Da sich die chemische Zusammensetzung unseres Körpers als Reaktion auf die wechselnden Zustände in jedem Augenblick dauernd verändert, schwanken auch die Hormonspiegel in unserem Körper ständig. Unser Überleben ist davon abhängig, daß das endokrine System mit hoher Präzision bestimmte Reize wahrnimmt, Situationen abschätzt und entsprechend reagiert.

Wie schaffen die Hormondrüsen das? Sie beeinflussen jedes System im Körper, das jeweils als eine Gruppe zusammenhängender Funktionen betrachtet werden kann. Das endokrine System wirkt auf die folgenden Körpersysteme: das Skelett, die Muskeln, den Kreislauf, die Verdauung, die Atmung, die Ausscheidungs- und Fortpflanzungsorgane. Es wird selbst wiederum vom Nervensystem kontrolliert. Anders ausgedrückt: die Drüsen werden vom Gehirn gesteuert und sind einfach ein weiteres Mittel, mit dem das Nervensystem unser Leben erhält.

Das Nervensystem

Unser Nervensystem entscheidet darüber, wann wir handeln und wann wir reagieren, und ist sozusagen die erste Instanz in uns. Es bringt sowohl primitivste Wut als auch religiöse Ekstase hervor. Von seinen Millionen von Nervenzellen, den Neuronen, fungiert die eine Hälfte überall im Körper als Sammelstellen für

Informationen. Diese Neuronen treten besonders gehäuft in unseren Sinnesorganen auf, wo sie sich spezialisiert haben. Sie kommen im Rückenmark zusammen und geben ihre Informationen entlang dem Rückenmark mittels kleinster elektrischer und chemischer Signale an die andere Hälfte weiter - an das Gehirn.

Die Sprache des Nervensystems ist elektro-chemisch. Autobahnschilder, das Frühstück von heute morgen sind genauso wie Liebesgeflüster alles Reize, die mit der Zeit irgendwie zu chemischen Signalen werden, die ihrerseits wieder in Elektrizität und zurück in chemische Antworten umgewandelt werden. Es ist uns nicht möglich zu erklären, wie ein Neutron die winzige elektrische Ladung erzeugt, die den neuronalen Spalt zum nächsten anliegenden Neuron überspringt. Wir können auch nicht erklären, wie das physikalische Transportieren von Chemikalien von einem Ort zum anderen in unsichtbare elektrische Ladungen umgewandelt wird.

Wir können jedoch die Auswirkungen dieses Vorgangs erfassen und dem Fluß der chemischen Signale folgen, beobachten, wie sie sich ihren umständlichen Weg zu ihrer Endstation in den Muskeln und Drüsen bahnen. Dadurch können wir feststellen, welche Reaktion sich aufgrund des anfänglichen Reizes ergibt.

All diese Operationen werden vom peripheren Nervensystem durchgeführt. Darunter befindet sich das Untersystem, das als autonomes Nervensystem bekannt ist. Es empfängt und übermittelt Botschaften, die die Iris, die Herzmuskulatur, die Lungen, den Magen und die Drüsen regulieren.

Tief im Gehirn zwischen dem Mittelhirn und dem Großhirn und direkt unter dem Thalamus befindet sich der Hypothalamus. Er überträgt im Namen des autonomen Nervensystems die Impulse entlang der Kette von Neuronen im Rückenmark an die Muskeln und Drüsen im gesamten Körper. Mittels dieser Impulse steuert er auf direkte oder indirekte Art und Weise viele unserer Organe, unseren Herzschlag, unsere Atmung, das Öffnen und

Schließen von Blutgefäßen und die Kontraktionen des Magens und der Gedärme.

Die Nervenzellen des Hypothalamus produzieren auch Hormone, die über den Hypophysenhinterlappen in den Körper abgegeben werden. Die wenig bekannte Drüse hat eigentlich keine eigenen Sekretionen, scheint jedoch eine einzigartige Rolle im endokrinen System zu spielen.

Normalerweise scheidet jede Drüse die Hormone aus, die sie selbst herstellt. Der Hypophysenhinterlappen, der die Hormone ausschüttet, die der Hypothalamus produziert, scheint keine eigenen Hormone herzustellen. Da er jedoch über seinen Stamm mit dem Hypothalamus verbunden ist, scheint der Hypophysenhinterlappen eine Brücke zwischen der Welt der Drüsen und der feiner strukturierten Welt des Gehirns zu sein.

Der Hypothalamus schickt auch Hormone direkt ins Blut über das Nervengeflecht, das das Gehirn mit dem Rückenmark verbindet. Auf diesem Weg kontrolliert er den Hypophysenvorderlappen, der seinerseits viele andere endokrine Drüsen überwacht, und steuert auf effektive Weise das innere Gleichgewicht des menschlichen Körpers.

Die Bauchspeicheldrüse und der lunare Typ

Unsere Reise zu den endokrinen Drüsen beginnt bei der Bauchspeicheldrüse, der Drüse, die mit dem lunaren Typ in Verbindung steht. Die Bauchspeicheldrüse ist für die Verdauung wichtig und hat eine gewisse Verbindung zum Lymphsystem. Sie wird aufgrund ihrer Ansammlungen von hormonproduzierenden Zellen zu den endokrinen Drüsen gerechnet, die als die Langerhansschen Inseln bekannt sind. Obwohl man von der zellularen Aktivität darauf schließen kann, daß es sich dabei nur um einen geringen Prozentsatz der Zellen der Bauchspeicheldrüse handelt, produzieren diese tatsächlich einige sehr wichtige Hormone.

Das Insulin, das von den Langerhansschen Inseln hergestellt

234

wird, senkt den Blutzuckerspiegel. Ein weiteres Hormon, das Glucagon, erhöht den Blutzuckerspiegel. Diese gegensätzlichen Effekte werden im ersten Fall dadurch verursacht, daß die Leber dazu angeregt wird, mehr Glukose zu produzieren. Im zweiten Fall wird der Effekt dadurch erzielt, daß die Verbrennungsgeschwindigkeit in den Zellen erhöht wird, womit der gesamte Glukosespiegel wirksam gesenkt wird.

Die Langerhansschen Inseln produzieren auch das Somatostatin, das man in vielen Teilen des Körpers finden kann. Dieses Hormon beeinflußt den Zufluß der Nährstoffe ins Blut und verlangsamt vielleicht auch ihre Aufnahme durch den Körper.

Diese Verbindungen zwischen dem lunaren Typ und der Bereitstellung von Brennstoffen der Kohlenhydratkette werden in der Theorie der Körpertypen nicht erwähnt. Statt dessen betrachtet man den lunaren Typ aufgrund der Verbindung zwischen der Bauchspeicheldrüse und dem Lymphsystem als „wässerigen" Typ. Das Lymphsystem transportiert essentielle Nährstoffe, die durch die Verdauung von Nahrung entstanden sind, ins Blut. Das Blut transportiert diese Nährstoffe seinerseits dann zu den einzelnen Zellen im Körper.

Man sagt, daß ein Überfluß an Lymphflüssigkeit dafür verantwortlich ist, daß der lunare Typ ein so rundes und scheinbar durchsichtiges Aussehen besitzt. Wenn es jedoch eine Verbindung zwischen der Bauchspeicheldrüse und dem Lymphsystem gibt, ist sie der modernen Endokrinologie weitgehend unbekannt. Wir haben noch keine Erklärung für den offensichtlichen Widerspruch gefunden, daß zwischen der Bauchspeicheldrüse - und demnach auch dem passiven, trägen lunaren Typ - und dem Zyklus der Energiegewinnung im Körper ein fester Zusammenhang besteht.

Die Nebenschilddrüsen und der venusische Körpertyp

Der Planet Venus wird mit den Nebenschilddrüsen in Verbindung gebracht. Eigentlich handelt es sich um insgesamt vier kleine Drüsen, die jeweils etwa 28 Gramm wiegen und die an den Ekken der Schilddrüse sitzen. Die Nebenschilddrüsen produzieren das Parathormon (PTH), das die entgegengesetzte Wirkung von einem Hormon namens Kalzitonin besitzt und dieses ausgleicht. Kalzitonin wird von der Schilddrüse produziert. PTH erhöht die Geschwindigkeit, mit der Kalzium und Phosphor von den Knochen aus in den Blutstrom gelangen. Es sorgt auch dafür, daß mehr Kalzium in den Nieren und im Verdauungstrakt gespeichert wird, das von dort aus dann in den Blutstrom gelangt.

Das Kalziumgleichgewicht ist für uns lebenswichtig, da Kalzium eine wichtige Rolle bei der Übertragung von Nervenimpulsen an die Muskeln spielt. Die Absonderung von PTH wird von den Nebenschilddrüsen reguliert, die die Zusammensetzung des Blutes ständig auf seinen Kalziumgehalt hin überwachen. Kalziummangel bringt Symptome hervor, die das genaue Gegenteil von den lethargischen Gewohnheiten des venusischen Körpertyps sind: Muskelspasmen, Übererregbarkeit und Nervosität, die Menschen zum Wahnsinn bringen können.

Durch eine Überaktivität der Nebenschilddrüsen wird zuviel Kalzium produziert, wodurch mit der Zeit eine Erweichung und Deformation der Knochen auftreten kann. In diesem Fall wird zu viel Kalzium und Wasser über den Urin ausgeschieden. Diese Auswirkungen der Nebenschilddrüsen auf den Kalziumspiegel im Blut bestätigen nicht unbedingt das Bild, das wir von dem erdgebundenen, phlegmatischen venusischen Körpertyp haben. Vielleicht müssen wir erst noch mehr über diese Drüse und ihre grundsätzlichen Aufgaben in Erfahrung bringen.

Die Schilddrüse und der merkurische Typ

Die etwa 28 Gramm schwere Schilddrüse besteht aus zwei Gewebelappen, die von einem Istmus verbunden sind. Sie spannt sich über die Atemröhre und ist die Drüse des merkurischen Typs. Der Hypothalamus und der Hypophysenvorderlappen regen sie zur Aktivität an. Eines der von ihr produzierten Hormone, das Kalzitonin, senkt den Kalziumspiegel im Blut und wirkt den Nebenschilddrüsen entgegen. Eine weitere Hormonabsonderung, das Thyroxin, wirkt sich jedoch auf viel weitreichendere und dramatischere Art und Weise auf uns aus.

Das Thyroxin kontrolliert die Aktivität von Enzymen, die ihrerseits die Geschwindigkeit der Energieverbrennung in den Körperzellen steuern. Anhand dieser Steuerung beeinflußt es alle Vorgänge, für die eine Verbrennung von Energie notwendig ist, einschließlich des Wachstums. Die Auswirkungen des Hormons werden über den Blutstrom überwacht, wodurch der Hypothalamus und der Hypophysenvorderlappen ständig mit Informationen über diesen entscheidenden Vorgang im Körper versorgt wird.

Die Botschaften, die vom Hypothalamus zum Hypophysenvorderlappen, zur Schilddrüse und wieder zurück transportiert werden, bilden einen Feedback-Mechanismus, der dazu beiträgt, die Hitze, die unser Körper generiert, den Cholesterinspiegel, die Herzfrequenz, die Atmung sowie den Blutdruck zu regulieren. Dieses Schilddrüsenhormon wirkt dadurch, daß es die Energieverbrennung in den Zellen beschleunigt, als Katalysator für all diese Aktivitäten.

Ein Mensch mit einer überaktiven Schilddrüse ist nervös, leicht erregbar, irritierbar und macht sich Sorgen: alles Eigenschaften, die wir vom merkurischen Typ her kennen. In extremen Fällen kann Muskelzucken auftreten. Bei Unterfunktion der Schilddrüse werden Menschen andererseits lethargisch, der Körper wird kalt und die Zellen haben zu wenig Energie. Aufgrund dieser weitreichenden Auswirkungen ist eine ausgewogene Schilddrüsenaktivität für den Menschen lebensnotwendig.

Der Hypophysenvorderlappen und der saturnale Typ

Saturn wird in diesem Schema der endokrinen Typen vom Hypophysenvorderlappen beherrscht, der sogenannten Meisterdrüse. Er entwickelt sich parallel zum Hypophysenhinterlappen. Da er verschiedene andere Drüsen steuert, ist der Hypophysenvorderlappen von äußerster Wichtigkeit für das gesamte endokrine System.

Der Hypophysenvorderlappen stimuliert auf direktem Wege die Schilddrüse, die Adrenalindrüsen und die Eierstöcke. Auf indirekte Art und Weise reguliert er das Wachstum, beschleunigt die Verdauung und ist für die Hautfarbe verantwortlich. Er befindet sich im Zentrum des Gehirns vor dem Hypophysenhinterlappen, durch den er mit dem Hypothalamus verbunden ist.

Seine eigenen Hormone tragen zur Produktion von Östrogen und Gestagenen bei, den Sexualhormonen des Fortpflanzungssystems. Obwohl er mit Saturn in Verbindung steht, dem männlichsten Körpertyp, scheint er mindestens genauso viele weibliche Eigenschaften zu besitzen wie der hintere Teil der Hypophyse, der zum jovialen Typ gehört. Eines seiner Hormone, das Prolactin, trägt zur Entwicklung der weiblichen Brüste während der Schwangerschaft bei und sorgt dafür, daß Milch vorhanden ist, wenn die Mutter ihr Kind stillt.

Eine Überaktivität des Hypophysenvorderlappens während der Kindheit läßt Riesenwuchs entstehen. Eine Unterfunktion der Drüse bringt Zwerge hervor. Bei Erwachsenen bewirkt ein Überfluß einiger seiner Hormone, daß die langen Knochen des Körpers extrem stark wachsen und erzeugt einen Zustand, der als Akromegalie bekannt ist.

Die Adrenalindrüsen und der marsische Typ

Mars steht mit den Adrenalindrüsen in Verbindung. Dabei handelt es sich um ein Drüsenpaar, das sich oberhalb der Nieren befindet und fast so viele Funktionen im Körper steuert wie der Hypophysenvorderlappen. Die Adrenalindrüsen sind in zwei klar voneinander unterscheidbare Sphären unterteilt, und beide reagieren auf komplexe Art und Weise auf Reize aus den unterschiedlichsten Quellen. Gemeinsam erzeugen sie über 30 Hormone, die sowohl die Menge an Natrium und Kalium in den Nieren, als auch den Fett- und den Eiweißspiegel in der Leber regulieren. Einige der Hormone, die die Adrenalindrüsen absondern, wirken auf die Verbrennung von Kohlenhydraten ein. Andere, wie die Sexualhormone Östrogen und Gestagen, beeinflussen das Fortpflanzungssystem.

Der adrenaline Cortex ist der äußere Bereich der Adrenalindrüsen. Die adrenalinen Steroide, die hier produziert werden, werden von dem Hypophysenvorderlappen, und dem Hypothalamus angefordert, die ständig die Konzentration von Corticosteroiden im Blut überwachen. Eine Veränderung dieser Konzentration veranlaßt den Hypophysenvorderlappen, Hormone freizusetzen, die ihrerseits die Adrenalindrüsen stimulieren, weitere Hormone zu produzieren, um den unausgewogenen Zustand zu beheben.

Dies ist ein weiteres Beispiel der kreislaufartigen, sich selbst regulierenden Natur des endokrinen Systems, in dem die Drüsen aufgrund von sich ergänzenden chemischen Empfindlichkeiten miteinander kommunizieren und interagieren. Diese Vorgänge spielen eine wesentliche Rolle bei der Regulierung des Natrium- und Kaliumspiegels im Blut, die beide lebensnotwendige Elemente für den Erhalt der elektrolytischen Stabilität der Körperflüssigkeiten sind.

Eine Unterfunktion des adrenalinen Cortex, durch die der Spiegel an Glucocorticosteroiden sinken kann, führt zur Addi-

sonschen Krankheit. Dieser lebensbedrohende Zustand schwächt
den Körper, führt zu Müdigkeit, Gewichtsverlust und Blutarmut
und intensiviert die Pigmentierung der Haut.

Eine Überfunktion wirkt sich ähnlich verheerend aus, da ein
Kaliummangel bewirken kann, daß die Muskeln zittern, die Haut
fleckig wird, ein Eiweißmangel entsteht und der Blutzuckerspiegel steigt. Überschüssige Produktion von Glucocortisteroiden
erzeugt das Cushing-Syndrom, bei dem die Haut dünner wird,
so daß man leichter blaue Stellen bekommt. Es kann auch zu
Fettleibigkeit führen. Eine Überfunktion des adrenalinen Cortex
kann bei einer Frau zu einer grotesken Vermännlichung führen,
wobei sowohl die männlichen sexuellen Merkmale als auch die
sekundären männlichen Sexualorgane weit über das normale hinaus ausgeprägt werden.

Der innere Bereich der Adrenalindrüsen ist das Mark, das im
Gegensatz zum Cortex vom sympathischen Nervensystem gesteuert wird. Mittels eines weiteren komplexen Vorgangs beför-
dert das adrenaline Mark seine Informationen an den Hypothalamus und umgeht dabei den Hypophysenvorderlappen. Statt
dessen wandern die Signale durch das verlängerte Mark (die
Medulla oblongata), eines der primitivsten Teile des Gehirns.
Eine der Hauptaufgaben dieser Drüse ist, die Produktion von
Epinephrine oder Adrenalin anzuregen. Das adrenaline Mark steht
somit in Zusammenhang mit dem „Kampf-oder-Flucht"-Effekt
des Adrenalins, einem Hormon, das eine wesentliche Rolle bei
der Reaktion des Nervensystems auf Streß spielt.

Eine Ausschüttung dieses wichtigen Hormons kann durch starke Emotionen, Herzklopfen, starke Blutzirkulation in den Muskeln, steigenden Blutdruck und die Verbrennung von Zucker zur
Energiegewinnung hervorgerufen werden. Adrenalin trägt auf
vielerlei Weise dazu bei, die Intensität dieser Erscheinungen zu
verstärken. Es verursacht die Kontraktion der glatten Muskulatur der Haut, erweitert die Pupillen, kontrahiert die Bauchmus-
kulatur und die Blutgefäße, steigert die Menge an verfügbarem

Sauerstoff, indem es die Gefäße in der Luftröhre entspannt, kontrahiert das Zwerchfell und die Harnröhre, mobilisiert die Brennstoffreserven in den Muskeln und der Leber, erhöht den Blutzuckerspiegel und dadurch die zur Verfügung stehende Energie im Blut und stimuliert ganz allgemein den gesamten Organismus. Adrenalin regt den Körper und seine Systeme zu Höchstleistungen an und bringt ihn in einen Zustand völliger Handlungsbereitschaft.

Die Aussicht auf eine körperliche Auseinandersetzung kann wie Angst all diese physiologischen Veränderungen herbeiführen. Beides sind instinktive und automatische Empfindungen, und beide sind überlebensnotwendig. Wenn wir uns plötzlich in einen aggressiven oder ängstlichen Zustand katapultiert fühlen, erkennen wir, wie dramatisch die Veränderungen sein können, die durch die Adrenalindrüsen und ihr Hormon, das Adrenalin, herbeigeführt werden.

Der Hypophysenhinterlappen und der joviale Typ

Die Hirnanhangdrüse liegt tief im Gehirn verborgen und entwickelt sich zunächst aus zwei ganz unterschiedlichen Richtungen, bis sie sich im erwachsenen Menschen zu einer Drüse mit zwei Lappen umbildet. Im Embryo wächst der vordere Teil vom „Dach" der rudimentären Mundhöhle nach oben. Der hintere Teil entwickelt sich aus Gewebe des unteren Teils des primitiven Gehirns. Mit der Zeit verbindet sich dieser Teil über den Hirnanhangstamm mit dem Gehirn des Erwachsenen.

Obwohl der Hypophysenhinterlappen zwei Haupthormone absondert, produziert die Hypophyse selbst keines von beiden. Diese Drüse, die mit dem jovialen Typ in Verbindung steht, ist in einem gewissen Sinn ein elementarer Bestandteil des Hypothalamus. Die Hormone, die der Hypothalamus produziert, werden an den Hypophysenhinterlappen weitergeleitet, der sie seinerseits an den Körper weitergibt. Eines dieser Hormone beeinflußt das Gleichgewicht der Flüssigkeiten im Körper. Das andere, Oxytocin, ist für die Kontraktionen der Gebärmutter bei der Geburt mit verantwortlich und für die Produktion von Milch bei stillenden Müttern.

Obwohl unser Wissen über den Hypophysenhinterlappen sehr unvollständig ist, wissen wir doch, daß er viele verschiedene Rollen spielt. Er agiert nicht nur als Hormondrüse, sondern auch als integraler Bestandteil des Hypothalamus, indem er das im Hypothalamus hergestellte antidiuretische Hormon an den Körper abgibt.

Das antidiuretische Hormon leistet uns in seiner Funktion, das innere Milieu des Körpers im Gleichgewicht zu halten, einen äußerst wichtigen Dienst. Dieses Gleichgewicht nennt man Homöostase. Es umfaßt die Körpertemperatur, Appetit und Durst, das elektrolytische Gleichgewicht, das Säure-Base-Gleichgewicht des Körpers und schließlich auch sein allgemeines energetisches Niveau. Der Hypophysenhinterlappen trägt dazu bei, das Überleben des Menschen zu sichern, indem er die Homöostase des Körpers aufrechterhält.

Die Thymusdrüse und der solare Körpertyp

Die kleine Thymusdrüse, die aus weißen Blutkörperchen besteht, befindet sich oben in der Brust unter dem Brustbein. Sie steht mit dem solaren Typ in Verbindung. Diese Drüse wächst während der Kindheit, beginnt jedoch nach der Pubertät zu schrumpfen. Sie produziert einige hormonähnliche Substanzen, die die Entwicklung des Immunsystems beeinflussen und wirkt auf die Funktionen des Immunsystems ein.

Die Thymusdrüse stellt auch weiße Blutkörperchen (Lymphozyten) her, die einen grundlegenden Schutz gegen Eindringlinge darstellen. Lymphozyten regen andere Zellen des Immunsystems dazu an, die Antikörper zu produzieren, die der Körper herbeiruft, um Verseuchungen und Infektionen zu bekämpfen. Wenn in dieser Arbeit Unausgewogenheiten bestehen, kann die Selbstverteidigung des Körpers eine Schlappe erleiden, wodurch der Körper anfällig für Krankheiten wird.

Die Sexualorgane

Die Sexualorgane - die männlichen Hoden und die weiblichen Eierstöcke - hängen mit dem Planeten Uranus zusammen, der keinen speziellen Typ im Schema der Körpertypen repräsentiert. Statt dessen scheint er in allen Menschen für die kreativen und die Fortpflanzungsfunktionen zu stehen. Die Sexualorgane sind jedoch auch an der Steuerung der Körperfunktionen durch das endokrine System mitbeteiligt. Diese Drüsen produzieren Sexualhormone, die die Entwicklung von sekundären Sexualorganen und sekundären Sexualmerkmalen bestimmen. Ihre Arbeit wird vom Hypophysenhinterlappen und vom Hypothalamus gesteuert.

Die sekundären Sexualorgane des Mannes sind all die Organe, die Spermatozon produzieren und transportieren, einschließlich des Penis. Die Hormone, die diese Organe steuern, bestimmen gleichzeitig auch die Qualität seiner sekundären Sexualmerkmale: die Tiefe seiner Stimme, die Menge seiner Schamhaare und seiner Körperbehaarung sowie die allgemeine Form und die Merkmale seines Körpers, durch die er männlich wird.

Die Eierstöcke einer Frau produzieren Hormone, die die Entwicklung ihrer sekundären Sexualorgane steuern. Diese Hormone beeinflussen Organe, die die Eireifung und den Eisprung bewirken, sowie die Vagina. Sie treiben auch die Veränderungen in den Brüsten einer Frau voran, durch die sie ihre Kinder stillen kann. Aber auch die ganz normale Brustentwicklung, die Menge der Körperhaare einer Frau, die typischen Proportionen und Rundungen des weiblichen Körpers sind alles sekundäre Sexualmerkmale, die von diesen Hormonen bestimmt werden.

Die Zirbeldrüse

Die letzte endokrine Drüse, mit der wir uns befassen werden, ist die Zirbeldrüse. Diese kleine zylinderförmige Drüse sitzt tief im Gehirn vergraben, mitten zwischen den Schläfen und direkt zentriert hinter den Augen. Die Theorie der Körpertypen ordnet die Zirbeldrüse dem Neptun zu, ein weiterer Planet, der nicht mit einem speziellen Typ verbunden ist. Neptun ist eher ein Symbol für einen höher entwickelten Menschen, in dem eine neue Funktion wirkt.

Trotz großen Forschungsaufwandes wissen wir doch sehr wenig über die Zirbeldrüse. Die Wissenschaftler vermuten, daß sie auf die Menge an Licht reagiert, die wir über die Augen aufnehmen. Sie glauben, daß die Zirbeldrüse das Hormon Melatonin produziert, das irgendwie mit dem Menstruationszyklus zusammenhängt und vielleicht auch die Arbeit der Eierstöcke unterbindet. In einigen niederen Tieren entwickelt sich die Zirbeldrüse zu einer augenähnlichen Struktur, die man das Zirbelauge nennt. Aufgrund dieser Tatsachen ist man teilweise der Meinung, daß es sich bei der Zirbeldrüse um einen Überrest eines primitiven Sinnesorgans handelt. In vielen mystischen Wissenschaften wird sie jedoch als Ursprung der höheren Funktionen des Menschen betrachtet, die im normalen menschlichen Leben nur als Potential vorhanden sind. Man glaubt, daß diese Funktionen mit einem Dritten Auge zusammenhängen, einem neuen, nur rudimentär vorhandenen Organ. Was diese höheren Fähigkeiten sein könnten und wie die Zirbeldrüse sie beeinflußt, sind Fragen, auf die es zur Zeit noch keine wissenschaftlichen Antworten gibt.

Die Arbeit der Zirbeldrüse ist genauso geheimnisvoll, wie ihre Wirkungen undurchsichtig sind. Vielleicht ist sie, wie René Descartes sagte, das Organ des „gesunden Menschenverstandes". Doch ist sie ein Anhaltspunkt dafür, daß sich der Körper möglicherweise in neue Richtungen entwickeln könnte, um seine sogenannten höheren Fähigkeiten zu steuern.

Die Zirbeldrüse verkörpert auch eine neue Möglichkeit für den Menschen - seine Chance, neue und weiterentwickelte psychische Funktionen zu entwickeln. Was das für Funktionen sind, können wir nur vermuten, genauso wie wir nur spekulieren können, was sie für den Menschen bedeuteten, der es geschafft hätte, sie zu entwickeln.

Bibliographie

Anthony, Catherine Parker and Gary A. Thibodeau. *Strukture and Function of the Body*. 7th ed. St. Louis:Times Mirror/ Mosby college Publishing, 1984.

Benham, William G. *The Benham Book of Palmistry: A Practical Treatise on the Laws of Scientific Hand Reading*. North Hollywood: Newcastle Publishing, 1988.

Berman, Louis. *The Glands Regulating Personality*. New York: 1929

Boardman, John. *The Parthenon and Its Sculptures*. Austin: University of Texas Press, 1985.

Bulfinch, Thomas. *Bulfinch's Mythology*. New York: Thomas Y. Crowell Company, n. d.

Burton, Robert Earl. *Self-Remembering*. New York: Globe Press Books, 1991.

Christeaan, Aaron, J.P. Van Hulle, and M.C. Clark. *Michael, The Basic Teachings*. Orinda, California: Affinity Press 1988.

Clark, Kenneth. *The Nude*. Princeton: Princeton University Press, 1972.

Collin, Rodney: *Vom ewigen Leben*. Plejaden, 1984

Collin Rodney. *The Theory of Elestial Influence*. New York: Samuel Weiser inc., 1971.

Concise Columbia Encyclopedia, The. New York: Avon (published by arrangement with Columbia University Press), 1983.

Flaceliere, Robert. *A Literary History of Greece*. Translated by Douglas Garman. Chicago: Aladine Publishing Company, 1964

Goethe, J. W. von: *Die Wahlverwandschaften*. Goldmann, 1988

Groenewegen-Frankfort, H.A., and Bernard Ashmole. *Art of the Ancient World*. New York: Harry N. Abrams, Inc., n.d.

Gurdjieff, G. I. *Begegnungen mit bemerkenswerten Menschen*. Aurum, 1988

Gurdjieff, G. *Views from the Real World*. New York: E.P. Dutton, 1975.

Hammond, N.G.L., and H.H. Scullard, eds. *The Oxford Classical Dictionary*. 2d ed. Oxford: Clarendon Press 1977.

Hinnells, John R., ed. *The Penguin Dictionary of Religions*. Middlesex, England: Penguin Books, 1984

The Holy Bible. Cambridge: The Cambridge University Press, n.d.

Kitto, Humphrey D.; *Die Griechen*. Prestel, 1978

Keyes, Margaret Frings. *Emotions and the Enneagram*. Muir Beach, California: Molysdatur Publications, 1992

Liggett, John. *The Human Face*. New York: Stein and Day,1974

McNaught, Ann B., and Robin Callander. *Illustrated Physiology*. 4th ed. New York: Churchill Livingstone, 1983

Metzner, Ralph. *Know Your Type: Maps of Identity*. Garden City, New York: Anchor Books, 1979

Moore, Patrick. *Großer Atlas des Universums. Mosaik*, 1990

Morris, Richard. *Time's Arrows-Scientific Attitudes Toward Time*. New York: Simon and Schuster, 1985

Ouspensky, P. D. *Der vierte Weg*. Sphinx, 1991

Ouspensky, P. D. *Ein neues Modell des Universums*. Sphinx, 1986

Ouspensky, P. D. *Die Psychologie der möglichen Evolution des Menschen*. Plejaden, 1987

Ouspensky, P. D. *Auf der Suche nach dem Wunderbaren*. Scherz, 1987

Ouspensky, P. D. *Terium Organum*. Scherz, 1973

Ovid. *Metamorphosen*. Fischer, 1992

Palmer, Helen: *Das Enneagram*. Knaur Esoterik, 1991

Plutarch. *The Lives of the Noble Grecians and Romans*. Translated by John Dryden. New York: The Modern Library, n.d.

Redgrove, H. Stanley. *Alchemy: Ancient and Modern*. 2d ed. New Hyde Park, New York: University Books, Inc., 1969

Reyner, J.H. *The Diary of a Modern Alchemist*. London: Neville Spearman, 1974

Saltus, Carol. *Bodyscopes: Your Guide to How Body Structure Reveals the Secrets of Personality*. New York: Bantam Books, 1986

Spence, Lewis. *An Encyclopedia of Occultism*. New Hyde Park, New York: University Books, Inc., 1968.

Stassinopoulos, Arianna, and Roloff Beny. *The Gods of Greece*. London: Weidenfeld & Nicolson, 1983.

Wagner, Carl E.Jr. *Characterologie, The Art Science of Character Analysis*. York Beach, Maine: Samuel Weiser, 1986.

John Mann • Lar Short

Der feinstoffliche Körper

Einweihung in Theorie und Praxis der Erweckung des Energiekörpers

Jeder Mensch besitzt einen feinstofflichen Energie-Körper, aber nur wenige wissen von seiner Existenz, sind in der Lage, ihn bewußt wahrzunehmen und praktisch zu erfahren.

Kundalini, Chakraenergie, Meridiane, die drei Körper, Aura, das dritte Auge, Nadis, Tantra, Yantra, Yidam sind Begriffe, die in unmittelbarem Zusammenhang mit den Phänomenen des feinstofflichen Körpers stehen und die in dem umfassenden und reich illustrierten Werk von John Mann und Lar Short klar und einprägsam erklärt werden.

219 Seiten, DM/SFr 19,80
ÖS 155,00   ISBN 3-89385-072-4

Henri u. Claudine Czechorowski

Spirituelle Einweihungen

60 einfache und wirkungsvolle Übungen, um Körper, Seele und Geist in Harmonie zu bringen. Atem- und Meditationstechniken, Visualisierungsübungen, Mudra-, Mantra-, Chakra- und Energiearbeit.

Hier sind die essentiellsten Übungen zusammengestellt, die eine Wahrnehmung der spirituellen Kräfte ermöglichen. Diese Übungen sind Bestandteil eines jahrtausendealten Wissens, dessen Spuren die Autoren in Indien und Nepal, aber auch in Europa und in den USA wiederentdeckt haben. Diese ganz auf die praktische Nachvollziehbarkeit ausgerichteten Techniken führen zu einer Harmonisierung des gesamten Menschen, zur besseren Einsicht und öffnen die Kanäle für eine andere, sinnvollere Sicht der Dinge.

208 Seiten, DM/SFr 19,80
ÖS 155,00   ISBN 3-89385-081-3

Shalila Sharamon • Bodo Baginski

Das Chakra-Handbuch

**Vom grundlegenden Verständnis
zur praktischen Anwendung**

Dieses Buch bietet eine umfassende Anleitung zur Harmonisierung
unserer feinstofflichen Energiezentren. Das Wissen um die Chakren
vermittelt uns tiefe Einsichten über
die Wirksamkeit der subtilen Kräfte
im menschlichen Organismus. Zur
praktischen Chakra-Arbeit beschreibt das Buch präzise eine
Fülle von Möglichkeiten: die Anwendung von Klängen, Farben, Edelsteinen, Mantren und Düften mit
ihren spezifischen Wirkungen auf
die einzelnen Energiezentren, ergänzt durch verschiedene Meditationen, Körperübungen, Atemübungen und Naturerfahrungen.
Ein reich illustrierter esoterischer
Bestseller.

256 Seiten, DM/SFr 19,80
ÖS 155,00   ISBN 3-89385-038-4

Walter Lübeck

Die Chakra-
Energie-Karten

**Heilende Worte für Körper, Geist
und Seele. Besonders geeignet
für die Verwendung im Zusammenhang mit Aromatherapie,
Bachblüten, Heilsteinen und
Reiki**

Die Chakra-Energie-Karten sind
heilende Worte für Körper, Geist
und Seele. Das Set enthält 126
Karten mit Affirmationen und ein
Anleitungsbuch. Zu jeder Affirmation ist mindestens ein Hinweis auf
einen besonderen Heilstein, eine
passende Duftessenz und eine
Bachblüte gegeben. Die Verwendung der farbenvollen Karten im
Zusammenhang mit Aroma- und
Bachblütentherapie, Edelstein-Anwendungen und Reiki ist ausführlich beschrieben. Die Karten
unterstützen jede Form von spiritueller Heilungsarbeit.

Set mit 156 Karten und
128seitigem Buch, DM/SFr 49,80
ÖS 389,00   ISBN 3-89385-116-X

Larry Moen

Meditationen zur Transformation

Eine einzigartige Sammlung von geführten Meditationen

»Meditationen zur Transformation« ist eine einzigartige Sammlung von Meditationen und Traumreisen. Bekannte spirituelle Lehrer und Therapeuten haben ihre besten und wirkungsvollsten Anleitungen beigesteuert. Unter ihnen so populäre Heiler wie Louise Hay, John Bradshaw, Shakti Gawain und Jean Houston. Sie alle haben etwas gemeinsam: sie wollen uns genau die kraftvolle Vision mit auf den Weg geben, die ihnen in ihrem Leben am meisten geholfen hat. Für immer mehr Menschen wird heute Meditation zu einem wichtigen Teil ihres Lebens: loslassen, sich von heilenden Worten zur Mitte, ins Zentrum ihrer Kraft führen lassen, wieder Energie und Lebenskraft tanken.

288 Seiten, DM/SFr 24,80
ÖS 194,00 ISBN 3-89385-122-4

Martha P. Heinen

Kochen und leben mit den Fünf Elementen

Vitalität, Gesundheit und Lebensfreude durch das traditionelle chinesiche Ernährungssystem

Eine Ernährung mit der energetischen Wirkung des Fünf-Elemente-Systems schenkt Kreativität, Vitalität und Lebensfreude. Aber eine neue Diät ist das Fünf-Elemente-Ernährungssystem nicht - ganz im Gegenteil: vielleicht sogar das älteste und gesündeste Ernährungssystem der Welt. Über drei Jahrtausende er-probt und weiterentwickelt. Dabei geht es um das ganze Nahrungsmittel als lebendige Einheit und seine energetische Wirkung auf den Organismus. Die thermische Wirkung der Speisen spielt dabei neben den Elementen die wichtigste Rolle.

246 Seiten, DM/SFr 24,80
ÖS 194,00 ISBN 3-89385-132-1

Stephan Schulte

Reiki und Energiearbeit

**Immer mehr Menschen wollen
Reiki kennenlernen**

Die Hände sanft auflegen, Energie
fließen lassen - und Heilung ge-
schieht wie von selbst. Das ist
Reiki. Hunderttausende lassen sich
derzeit in die geheimnisvollen
Rituale zur Übertragung reinster
Lebensenergie einweihen. „Reiki
und Energiearbeit" informiert
knapp, aber umfassend über die
Entdeckung von Reiki, Einwei-
hungsrituale, Handpositionen und
den Ablauf einer Reiki-Behandlung.
Stephan Schulte, selbst Reiki-Meister und Heilpraktiker, schreibt hier
aus der Sicht seiner eigenen Praxis, was man beim Umgang mit
Reiki besonders beachten muß.
Immer mehr Menschen wollen
selbst Reiki-Meister werden oder
einfach das wohltuende Fließen der
Reiki-Energie genießen.

160 Seiten, DM/SFr 19,80
ÖS 155,00   ISBN 3-89385-133-X

Walter Lübeck

Die Reiki-Hausapotheke

**Reiki-Behandlungen zur beglei-
tenden Therapie von Über 40
Krankheiten. Mit naturheilkundli-
chen Ergänzungen**

Eine wesentliche Wirkung der
Reiki-Kraft ist die Unterstützung
aller Lebensprozesse. Die Reiki-
Hausapotheke gibt viele praktische
Anleitungen zum Einsatz von Reiki
bei der alltäglichen Gesundheits-
vorsorge: Erstmals wird auch auf
den Zusammenhang von Reiki und
Ernährung ausführlich eingegan-
gen. Reiki-Meister Walter Lübeck
gibt Anleitungen - von der Reiki-
Ganzbehandlung bis hin zu Reiki-
Sonderpositionen. Den Kern des
Buches bilden dabei die speziellen
Behandlungspositionen für die ein-
zelnen Beschwerden - mit vielen
Abbildungen anschaulich und leicht
nachvollziehbar illustriert.

160 Seiten, DM/SFr 19,80
ÖS 155,00 ISBN 3-89385-115-1

Cheryl Hetherington

Nie mehr abhängig sein

**Erkennen und verändern:
Beziehungsmuster, in denen
man sich selbst verliert**

Das Buch beschreibt mit kurzen
Beispielen die Verhaltensmuster,
die mehr als Indizien dafür sind,
daß in Beziehungen zu viel Leid
empfunden wird.
Co-Abhängigkeits-Muster werden
diese Verhaltensweisen genannt,
die sich vornehmlich als Reaktion
auf einen oder mehrere Menschen
beschreiben lassen. Wie kann man
diese leidverursachenden Muster
verlassen?
Das Buch bietet ein Lernprogramm,
das hilft, bestimmte Dinge im
Leben zu verändern - damit die
eigenen Bedürfnisse angenommen
und eigene Ziele entwickelt werden
können: Für Co-Abhängige die
wichtigste Aufgabe, die es in ihrem
Leben zu lösen gibt.

144 Seiten, DM/SFr 19,80
ÖS 155,00 ISBN 3-89385-120-8

Shalila Sharamon • Bodo J. Baginski

Einverstandensein

Die Erlösung des Schattens

Der Weg zur Einheit führt über das
Einverstandensein und damit über
die Erlösung des "Schattens", also
all jener Anteile der Ganzheit, die
wir in die Einseitigkeit verdrängt haben und die uns in Form von
Schicksal, Krankheit und Leid wieder begegnen. Das Einverstandensein führt uns zu unserer eigentlichen Mitte und somit zu wirklicher
Heilung, zu einer Entfaltung unseres gesamten Potentials an Liebe
und schöpferischer Energie. Der
"Schatten", seit C.G. Jung Syno-
nym für all jene Anteile der Ganzheit, die durch den Menschen ins
Unbewußte verdrängt und abge-
schoben wurden, erfährt durch die
hier dargestellte Methode eine
tatsächliche Erlösung aus der Verbannung.

176 Seiten, DM/SFr 19,80
ÖS 155,00   ISBN 3-89385-086-4

Chris Foster

Wind über den Wellen

**Liebe und Leben, Karma und
Schicksal, verwoben in das feine
Netz subtiler Energie, das alles
Lebendige miteinander verbindet**

Dieses Buch berührt das Herz wie
ein wärmender, liebevoller Licht-
strahl. Liebe verbindet alle Wesen
und Erscheinungen. Sie ist eine
Macht, stärker als alles Unglück,
alle Angst oder Einsamkeit. Und sie
besitzt die Kraft zu verwandeln. Die
Geschichte: vier Lebenswege, die
nur scheinbar zufällig zusammen-
geführt werden - und ein verbinden-
des Netz von Energien ist ins
Leben gerufen. Ein Wal, ein zwei-
tausend Jahre alter Redwood-
Baum, ein Mann und eine Frau.
Eine ergreifende, spirituelle Liebes-
geschichte.

144 Seiten, DM/SFr 16,80
ÖS 131,00   ISBN 3-89385-105-4

Alexander Gosztonyi

Das Vaterunser

**Die Entwicklung des Menschen
im Lichte des Evangeliums**

Das Buch von Alexander Gosztonyi
vermittelt tiefe Einsichten in die
wirk-liche Bedeutung des Evangeliums, der Lehre des Jesus von
Nazareth. Dazu ist es notwendig,
die orthodoxe kirchliche Lehre von
ihrem materiell gebundenen Denken und von ihrem formalen Verständnis zu befreien, um den
Wesenskern freizulegen. So wirkt
dieses Buch erfrischend in seiner,
von gängiger christlicher Moral
befreiten, faszinierenden Klarheit
und wird all jenen entgegenkom-
men, die einen neuen Zugang zum
Evangelium und der ursprünglichen
christlichen Lehre suchen.
Eine Ermutigung, auf ein Bewußtsein der Liebe zuzugehen, in der
Gewißheit, von geistigen Führern
begleitet zu sein.

384 Seiten, DM/SFr 24,80
ÖS 194,00   ISBN 3-89385-216-6